人邮教育

# 创业
# 胜任力孵化
## ——多专业综合实训教程

马红莉 / 主 编

刘静 马彩云 / 副主编

叶剑明 / 主 审

U0734402

人民邮电出版社

北 京

**图书在版编目（ＣＩＰ）数据**

创业胜任力孵化：多专业综合实训教程 / 马红莉主编. -- 北京：人民邮电出版社，2022.5
ISBN 978-7-115-58847-0

Ⅰ．①创… Ⅱ．①马… Ⅲ．①企业管理－创业－教材 Ⅳ．①F272.2

中国版本图书馆CIP数据核字(2022)第043690号

## 内 容 提 要

本书分为三篇：创业种子期、创业进行时和创业反思，共由 13 个项目组成。创业种子期内容涉及创业前期的准备工作，包括选择创业想法、调查市场、招募合伙人、制订创业计划等；创业进行时涵盖了企业设立、战略管理、人力资源管理、行政管理、财务业务、采购管理、生产管理、市场营销管理、税务、金融、审计等方面；创业反思主要是对创业过程的反思及对创业者个人的反思。全书以创业者的创业胜任力培养为导向，以解决创业者在创业实践过程中遇到的现实问题为目的，根据创业过程中的实际业务设计实训项目，重点在于为创业者提供切实可行的解决措施。

本书内容丰富，覆盖面广，实操性强，适合作为高等职业院校创新创业教育、创业实训课程的教材或学习参考，同时也特别适合创业者、创业园管理者、创业教育工作者阅读和使用。

◆ 主　　编　马红莉
　　副主编　刘　静　马彩云
　　主　　审　叶剑明
　　责任编辑　楼雪樵
　　责任印制　王　郁　彭志环

◆ 人民邮电出版社出版发行　　北京市丰台区成寿寺路 11 号
　　邮编　100164　　电子邮件　315@ptpress.com.cn
　　网址　https://www.ptpress.com.cn
　　涿州市京南印刷厂印刷

◆ 开本：787×1092　1/16
　　印张：12.5　　　　　　　　　　2022 年 5 月第 1 版
　　字数：318 千字　　　　　　　2022 年 5 月河北第 1 次印刷

定价：49.80 元

读者服务热线：(010)81055256　印装质量热线：(010)81055316
反盗版热线：(010)81055315
广告经营许可证：京东市监广登字 20170147 号

# PREFACE

////////////////// 前　言 //////////////////

　　"大众创业、万众创新"的提出，掀起了创业浪潮，大学生也成了本次创业的弄潮儿。然而创业不是一蹴而就的，过程充满了艰辛与困难，随时面临风险与挑战，对创业者各方面的素质和能力都提出了更高的要求。本书主要讲解了一个企业从无到有、从小到大的过程，并通过对企业运营、团队建设、财务管理、生产营销、税务筹划等内容的讲解，让读者系统了解如何从企业初创阶段顺利过渡到企业正规化运营阶段，从而拓宽创业者的眼界、提升创业者的能力，帮助创业者尤其是大学生创业者，孵化创业胜任力，提高创业成功率。

　　本书以创业者的创业胜任力培养为导向，采用项目化教学形式编写内容，并加入了课程思政和课后提升的实例教学。全书共13个项目，基本覆盖创业过程中创业团队所遇到的专业领域，结合我院开设课程经验，对与初创企业相关的业务进行了详细的讲解。另外本书在编写过程中，团队也特别注重紧跟国家政策的调整，如工商注册、税务申报的样表变更等。

　　本书的参考学时为48～64学时，其中项目三～项目十二可根据教学安排进行调整。如果每个学生单独实训，则各章的参考学时见下面的学时分配表；如果是小组分角色实训，则每个角色根据自己承担的岗位职责同步进行，协作完成实训任务。实训过程中学生还可以换岗交叉学习，以全面提升创新创业的素质和能力。

学时分配表

| 项目 | 课程内容 | 学时 |
|------|----------|------|
| 项目一 | 创业筹备 | 2 |
| 项目二 | 企业设立 | 4 |
| 项目三 | 企业战略管理 | 2～3 |
| 项目四 | 企业人力资源管理 | 4 |
| 项目五 | 企业行政管理 | 2～3 |
| 项目六 | 企业财务业务 | 8～10 |
| 项目七 | 企业采购管理 | 4～6 |
| 项目八 | 企业生产管理 | 4～6 |
| 项目九 | 企业市场营销管理 | 4～6 |
| 项目十 | 企业涉税业务 | 4～6 |

续表

| 项目 | 课程内容 | 学时 |
|---|---|---|
| 项目十一 | 企业金融业务 | 4～6 |
| 项目十二 | 企业审计业务 | 4～6 |
| 项目十三 | 创业评价 | 2 |
| 学时总计 | | 48～64 |

　　本书由四川财经职业学院马红莉担任主编，刘静和马彩云担任副主编，叶剑明担任主审，其中，项目一由马红莉编写，项目二由马红莉、刘旭东、陈曦编写，项目三由周珺编写，项目四、项目五由李晓娟编写，项目六由杨瑞芳、陈世千编写，项目七由马彩云编写，项目八、项目九由刘静编写，项目十由刘旭东编写，项目十一由陈曦编写，项目十二由胡秀梅编写，项目十三由周珺编写。此外，对编写过程中叶剑明、刘瑶、梁小晓等人的大力支持和帮助深表感谢。

　　由于编者水平和经验有限，书中难免有欠妥之处，恳请读者批评指正。

编　者

2021 年 9 月

# CONTENTS

# 目　　录

# 第一篇　创业种子期

## 项目一　创业筹备

### 🔍 教学目标

**知识目标**
◆ 了解创业想法的产生和创业项目的来源；
◆ 理解市场环境对创业的影响；
◆ 了解企业常见的组织结构；
◆ 了解创业计划书的编写要点；
◆ 熟悉创业路演的流程和要求。

**能力目标**
◆ 能够通过市场调查，寻找并选择合适的创业项目；
◆ 能够招募创业合伙人，组建创业团队；
◆ 能够顺利完成创业路演。

**素质目标**
◆ 能够自主学习、独立思考、乐于创新，主动发现问题并解决问题；
◆ 具备基本的时间管理能力和信息处理能力，能够运用正确的方法和技巧掌握新知识、新技能；
◆ 具有团队精神，善于交流沟通，能顺利完成不同岗位之间的分工协作；
◆ 能恪尽职守，热爱本职工作，增强职业意识，形成职业习惯；
◆ 拥有创造价值、回报社会的责任感和服务国家、服务人民的理想抱负。

## 课前自学

　　创业是推动经济发展和社会进步的重要力量。创业其实是一种普遍的社会现象和人类活动，成功的创业离不开创新。每个成功的创业者都注重创新，他们可能开发出新的产品或服务，可能找到了新的商业模式，也可能探索出新的制度和管理方式，从而获得成功。创新必须从创意思维开始，不管你是要开立一家有影响力的公司、制定宏大的商业愿景、策划一个有辨识度的品牌、设计一款知名产品，还是要在聚会活动上做一次惊艳的开场，哪怕仅仅是取一个有意思的网名，都需要优秀的创意。

### 一、创意思维

　　创意是一种通过创新思维意识，来探索资源组合方式从而提升资源价值的方法。思维是人脑对客观事物本质属性和内在联系的概括和间接反映。以新颖独特的思维活动揭示客观事物本质及内在联系并指引人去获得对问题的新的解释，从而产生前所未有的思维成果，称为创意思维，也称创造性思维。

### 1. 什么是好的创意

好的创意有情感。好的创意能够突破受众的心理防线，可以让受众喜欢，也可以让受众厌恶。总之，它必须激起用户的某种情绪，方能驱动他们产生浏览的兴趣，进而与他人分享。好的创意有趣味。内容新鲜、奇特、有趣、好玩，才能够激发受众分享的欲望。要想实现更多分享，需要赋予创意趣味性。好的创意满足需求。我们不能为了创意而创意，其落脚点是满足用户需求，能够给用户带来有益的帮助。有趣是前提，有用是价值。

创意有时只是用不同的眼光看一个旧东西，因为眼光是新的，所以东西就成了新的。有创意的人经常每隔一段时间就看看身旁习以为常的事物，这样的反省和重新认识其实就是创新的行为。实践表明，大多数受人尊敬的商业巨头都是利用其他人的创意创立公司的。例如，把麦当劳打造成快餐帝国的不是麦当劳兄弟，而是雷•克洛克，因为他看到了其运营成功的可能性，所以从麦当劳兄弟手里买下了它。谷歌不是第一个出现的搜索引擎，它只是非常好用的一个。爱彼迎、淘宝网、携程等都是更好地利用了他人的创意的产物。美国《公司》杂志对于创业者的调查报告显示，创业者的创意有71%来自对创业以前工作中想法的复制或完善，4%来自系统的商业调查，20%来自偶然的想法，5%来自其他。

### 2. 产生新创意的方法

创意有时候只是"概念"的转换，换一个方式了解，或换一个方式应用，新的创意就产生了。具体的方法有很多，下面列举几个常用方法。

"加一加"：放大、加高、加长、加厚等。比如现在很多火锅店里也可以唱歌，就是采用"火锅店+KTV"的模式，从而实现客户源的拓展，迎合了年轻人。

"减一减"：缩小、减轻、缩短、减小等。比如折叠自行车、便携装卫生用品等。

"代一代"：替代法，用其他的元素、构造、材料、结构、资源等进行替换。比如在生活中，手机目前已经取代了照相机的大部分功能。

"变一变"：把形状、颜色、气味、声音等改一改，或者把位置、关系、顺序颠倒等。比如Swatch的手表，款式多样，盘面设计结合心情、季节、时尚等元素，因而受到年轻人的追捧。

## 二、市场调查

创办企业的前期，必须进行实地的市场调查来明确你的创业想法是否合理，以有效识别机会，这是决定初创企业能否成功的第一步。

### 1. 市场调查的含义

市场调查就是指运用科学的方法，有目的地、系统地搜集、记录、整理有关信息和资料，分析市场情况，了解市场的现状及其发展趋势，为企业战略规划和经营决策提供客观、正确的资料。市场调查的内容很多，有市场环境调查，包括对政策环境、经济环境、社会文化环境的调查；有市场基本状况调查，主要涉及市场规范、总体需求量、市场的动向、同行业的市场占有率的调查等；有销售可能性调查，涉及现有和潜在用户的人数及需求量，市场需求变化趋势，本企业竞争对手的产品在市场上的占有率，扩大销售的可能性和具体途径的调查等；还可对消费者及消费需求、企业产品、产品价格、影响销售的社会和自然因素、销售渠道等开展调查。

### 2. 市场调查的方法

市场调查可以采用观察法、统计数据分析法、问卷调查法等定性和定量的调查方法。市场调查中要根据不同的调查对象采用不同的调查方法，要保证调查结果的信度和效度。在调查结束后，要综合各种因素，认真分析调查结果，形成调查报告。

一般来说，影响企业经营的环境因素可分为内部环境和外部环境两大类。内部环境是指企业经营过程中所需的各种内部资源与条件、存在于企业内部而企业有能力控制的因素，如组织文化、员工士气、规章制度等。外部环境是指企业外部的自然与社会条件、不受组织控制的影响因素，如政治、经济、科技的发展等。虽然企业外部环境对于企业来说是不可控因素，但企业可以通过各种方法和途径认识它们，从而为制定管理战略提供切实可行的依据。企业的外部环境还可以进一步划分为一般环境和具体环境，一般环境往往通过具体环境对组织产生直接或间接的影响。一般环境是指那些间接影响组织的因素，主要有政治、经济、社会和文化、技术等。具体环境是指与组织的日常运营有直接关系，但又非组织能随意控制的因素，即与实现企业目标直接相关的那部分环境，主要包括供应商、顾客、人力资源、竞争对手、政府、压力团体等。

在进行了实地的市场调查、收集到影响企业经营的各类信息后就要进行科学的分析。SWOT分析法是由美国旧金山大学的管理学教授韦里克提出的，是一种企业战略分析方法，常用于市场竞争环境分析，S代表优势（Strength），W代表劣势（Weakness），O代表机会（Opportunity），T代表威胁（Threat），其中，S、W是内部因素，O、T是外部因素。从整体上看，SWOT可以分为两部分：第一部分为SW，主要用来分析内部条件；第二部分为OT，主要用来分析外部条件。利用这种方法我们可以从中找出对自己有利、值得发扬的因素，以及对自己不利、要避开的因素，发现存在的问题，找出解决办法，并明确以后的发展方向，即根据企业自身的既定内在条件结合外部环境进行分析，找出企业的优势、劣势及核心竞争力所在。

按照企业竞争战略的完整概念，战略应是一个企业"能够做的"（即组织的优势和劣势）和"可能做的"（即环境的机会和威胁）之间的有机组合。

S（优势）——分析企业内部的强项。

我的企业擅长什么？

我们有什么新技术？

能做什么别人做不到的？

和别人有什么不同之处？

顾客为什么来？

……………

W（劣势）——分析企业自身的短板。

不擅长什么？

缺乏什么技术？

别人有什么比我们好？

不能满足何种顾客？

……………

O（机会）——分析企业应该走向何处。

市场中有什么适合我们的机会？

可以学什么技术？

可以吸引哪些新的顾客？

怎样可以与众不同？

组织 5～10 年的发展前景？

……

T（威胁）——分析企业外部潜在的破坏业务的因素。

市场最近有什么变化？

竞争者最近在做什么？

能否，赶上顾客需求的变化？

整个国家经济形势前景难测？

是否有什么事可能会威胁到企业的生存？

……

做完 SWOT 分析以后，就能够评估创业可行性并做出最终决定。

## 三、合伙人招募

### 1. 合伙人

合伙人是指投资组成合伙企业，参与合伙经营的组织和个人，是合伙企业的主体。合伙人在法学中是一个比较普通的概念，通常是指以其资产进行合伙投资，参与合伙经营，依协议享受权利、承担义务，并对企业债务承担相应责任的自然人或法人。合伙人应具有民事权利能力和行为能力。

合伙企业是指由两个或两个以上合伙人组成的企业。合伙人为企业主人或股东。其主要特点是：合伙人享有企业经营所得并对经营亏损共同承担责任；可以由所有合伙人共同参与经营，也可以由部分合伙人经营，其他合伙人仅出资并自负盈亏；合伙人的组成规模可大可小。

招募合伙人非常必要，是组建创业团队至关重要的一步。根据全球知名创投研究机构 CB Insights 的报告，在导致创业失败的前 20 个原因里，50%以上都与联合创始人有关。苹果公司创始人乔布斯提出打造梦幻创业团队的三条建议：明确你的人员需求，但不要僵化死板，当发现候选人特殊优点时可以适当放宽标准；拓展人才搜索渠道，参与讲座、交流会时也可能找到适合的人才；学会利用身边的资源，询问团队成员有关雇用的意见，优秀的人会推荐其他人才。

### 2. 选择合伙人需要考虑的因素

在挑选合伙人时，应该考虑以下关键因素。

**专长互补**。确保你的合伙人擅长你所不擅长的事情，你们的专长要互补。如果你是一名营销高手，那么你的合伙人应该是一名技术大拿。创业团队为获得成功，必须掌握非常宽泛的信息、技能、才能等，当创业团队中的成员在各重要方面都有高度的相似性时，成功就不太可能实现。理想的状况是，一个团队成员所缺少的东西可以由另一个或者更多的其他成员提供，整体的确大于各部分之和，整合人们的知识和专长以实现团队目标。

**个性互补**。如果你是一个性格内向的人，那么你应该找一个性格外向的合伙人；如果你很有远见，但是易忽略细节，那么你应确保你有一个注重细节的合伙人；如果你是一个急性子，那么你一定要确保合伙人能够在关键时刻保持冷静，头脑清醒，这一点非常重要。人有所长，必有所短。在选择的时候看清其长，那么以后也要做到包容其短。

**目标一致**。你和你的合伙人应该保持目标高度一致，有一个共同的核心愿景，你们阐述的愿景应该达到99%的契合。相同的价值观和共同的目标，是创业过程中团队能够分工协作、有效沟通的保障。

**深度了解**。《孙子兵法》中云："知己知彼，百战不殆。"在选择合伙人时，要相互了解家庭背景、学习经历、工作经验，甚至人际关系、兴趣爱好等。只有达到对合伙人的深度了解，才能对创业过程中是否能完美契合及共担风险做出预判。

# 四、创业计划书

在对创业可行性进行了认真的判断后，就开始准备编制创业计划书。"凡事预则立，不预则废"，在新企业创立之前，撰写创业计划书是必不可少的关键步骤。创业计划书是描述与拟创办企业相关的内外部环境条件和要素特点，为业务的发展提供指示和衡量业务进展情况的标准。

一般来说，在创业计划书中应该包括创业的种类、资金规划及基金来源、资金总额的分配比例、阶段目标、财务预估、营销策略、可能风险评估、创业动机、股东名册、预定员工人数等。创业计划书的质量，往往会直接影响创业发起人能否找到合作伙伴、获得资金及政策的支持。创业计划书不仅仅是企业经营的战略蓝图，更是吸引投资商的重要利器。

**创业计划书的基本格式（范例）**

**目录**

**摘要**

**1．执行总结**

1.1 项目背景

1.2 目标规划

1.3 市场前景

**2．市场分析**

2.1 客户分析

2.2 需求分析

2.3 竞争分析

   2.3.1 竞争优势

   2.3.2 竞争对手

**3．公司概述**

3.1 公司

3.2 总体战略

3.3 发展战略

   3.3.1 初期战略

   3.3.2 中期战略

   3.3.3 长期战略

3.4 人力资源组织

3.5 财务管理制度

3.6 企业文化

3.7 服务概述

## 4. 组织管理体系

4.1 组织机构

4.2 部门职责

4.3 管理模式

## 5. 投资策略

5.1 股份募资

5.2 项目融资

## 6. 营销战略

6.1 营销目标

6.2 营销模式

6.3 产品流动模式

## 7. 财务分析

7.1 营业费用预算

7.2 销售预算

7.3 现金流量预算

7.4 盈亏分析

## 8. 风险分析

8.1 机遇

8.2 风险及策略

## 9. 退出策略

### 附录：市场调查问卷

创业计划书最重要的用途是募集外部资金，所以针对不同的阅读者也应该在内容上进行适当的调整。一份优秀的创业计划书，内容应当清晰明了，不需要艳丽的图片或者夸张的言辞。创业是一段旅程，一段陌生且充满风险的旅程，创业计划书更像一张线路图，所以用心去绘制这幅图意义重大。

# 自学自测

## 一、选择题

1. 选择创业合伙人需要考虑的因素有哪些？（　　　）
   A. 专长互补　　　　B. 个性互补　　　　C. 目标一致　　　　D. 深度了解

2. 创业初期，融资的方式有哪些？（　　　）
   A. 银行贷款　　　　B. 亲友筹资　　　　C. 天使投资　　　　D. 吹牛骗钱

3. 产生新创意的方法有哪些？（　　　）
   A. 加一加　　　　　B. 缓一缓　　　　　C. 变一变　　　　　D. 代一代

4. 市场调查的方法有哪些？（　　　）
   A. 专家访谈　　　　B. 问卷调查　　　　C. 个人估计　　　　D. 统计数据分析

5. 创业计划书中需要介绍哪些个人信息？（　　　）
   A. 教育背景　　　　B. 婚姻状况　　　　C. 从业经历　　　　D. 作息习惯

## 二、判断题

1. 只要是性格相合的朋友就可以做自己的合伙人。（　　　）
2. 有同样创业项目的成功案例，就意味着这个项目一定可以成功。（　　　）
3. 创业合伙人不一定可以共担风险。（　　　）
4. 创业时只需要好好调查分析外部经济环境。（　　　）
5. 创业计划书非常重要，是创业的路线图。（　　　）

## 三、简答题

1. 如何培养你的创业思维？

2. 你有什么好的创意想法？

3. 你的创业动机是什么？

4. 你将如何选择你的创业合伙人？

5. 编制创业计划书是否需要进行市场调查？

# 课中实训

## 一、创业项目选择

任务描述：

从自己的爱好特长、从业经历或者从身边发现的问题中寻找合适的创业项目，设计调查问卷，进行实地市场调查，最后根据搜集的信息做好分析筛选。

任务实施：

| 序号 | 实施步骤 | 实施内容 |
|---|---|---|
| 1 | 列举可能的创业项目 | |
| 2 | 市场调查 | |
| 3 | 结果分析 | |
| 4 | 最终决策 | |

## 二、团队组建

任务描述：

组建创业团队无疑是创始人面临的最重要的决定。在创业初期，除了合伙人选择，能否组建合适的创业团队几乎会影响你今后所做的一切，因此，你需要花时间和精力把团队组建好。

组织结构设计，是指对一个组织的组织机构进行规划、构造、创新或再造，以便从组织的结构上确保组织目标的有效实现。在进行组织结构设计时，首先要明确组织的任务和目标是什么，然后认真分析为了完成组织的任务和实现组织的目标，必须做什么事、设立什么机构、规划什么职务、选什么人来做。要做到因事设职，因职用人，"事事有人做"和"人人有事做"。常见的组织结构有直线制、职能制、直线职能制、事业部制、超事业部制、模拟分散制、矩阵制等。

任务实施：

| 序号 | 实施步骤 | 实施内容 |
|------|----------|----------|
| 1 | 选定创业合伙人 | |
| 2 | 设计组织架构 | |
| 3 | 进行人员招聘 | |
| 4 | 筛选人员 | |
| 5 | 组织岗前培训 | |

## 三、创业路演

任务描述：

路演是指在公共场所进行演说、演示产品、推介理念，向他人推广自己的公司、团队、产品、想法的一种方式。创业路演的前提是完成创业计划书编写，创业路演已经成为创业者进行融资和项目推广的一种重要手段。

任务实施：

| 序号 | 实施步骤 | 实施内容 |
|------|----------|----------|
| 1 | 路演准备 | |
| 2 | 正式路演 | |
| 3 | 追踪反馈 | |

### 知识拓展

#### 创业初期公司股权结构的设计

一般而言，创业初期股权分配比较明确，结构比较单一，投资人按照出资多少分得相应的股权。但是，随着公司的发展，在分配上会产生种种利益冲突。同时，存在隐名股东干股股东等特殊股东，这些不确定因素加剧了公司运作的风险。当公司各种内部矛盾凸显，在矛盾中股东维护自身利益的依据就是股权比例和股东权利。实践中许多中小投资者忽视对股权比例和股东权利的调整，最后在公司内部矛盾中陷入进退两难的境地，而这种局面也把公司推向危险的境地。因此，合理的股权结构是公司稳定的基石。

**1. 股权结构不是简单的股权比例**

许多投资者都知道，股权比例是影响公司管理权的主要因素。如果把股权结构理解为简单的股权比例或投资比例，下面的探讨就没有实际意义了。股权结构是以股东股权比例为基础，通过对股东权利，股东会及董事会职权与表决程序等进行一系列调整后的股东权利结构体系。

**2. 股权比例与公司管理、公司决策**

股权是一种基于投资而产生的所有权。公司管理权来源于股权或基于股权的授权。公司决策权来源于股权同时又影响公司管理的方向与规模。有些投资者仅投资而不参与公司管理，有些投资者同时参与公司管理。而股东只要有投资，就会产生一定的决策权利，差别在于决策参与的程度和影响力。所以，股东的意见能否形成影响公司管理运作的决策意见是非常重要的，而取得决策权的首要条件是一定的股权比例。取得决策权的股东就是法律上的控股股东。《公司法》规定，控股股东，是指其出资额占有限责任公司资本总额50%以上或者其持有的股份占股份有限公司股本总额50%以上的股东；出资额或者持有股份的比例虽然不足50%，但依其出资额或者持有的股份所享有的表决权已足以对股东会、股东大会的决议产生重大影响的股东。

**3. 成为控股股东的简单方式**

（1）直接实际出资达50%以上是最有效的方式。

（2）直接实际出资没有达到50%，但股权比例最大，再通过吸收关联公司股东、密切朋友股东、近亲属股东等，以联盟形式在公司形成控股局势。

以上两种方式均是在同股同表决权基础上进行的简单设计。

**4. 表决权设计变更控股股东**

股东之间没有利益关系，实际出资也未达到50%以上，不能形成联盟，这种情况下，如何对公司进行控股呢？这种情况下，就需要在公司成立之初，在公司章程的起草方面下功夫。通过公司章程，来扩大己方的表决权数，这样的设计就突破了同股同表决权的惯例。要实现这个股权设计，一般情况是己方有一定的市场优势、技术优势或管理优势，通过这些优势弥补投资资金上的不足，换取表决权。现实操作中，很多技术型、市场型、管理型投资者忽略这点，使自己在公司的后续运作中难以施展手脚，从而未能凭借技术、市场和管理优势在公司运作中实现利益最大化。这种股权结构设计在实际中需要进行细致的操作方可达到想要的效果。

**5. 股东权利的弱化或强化**

股东权利可分为自益权和共益权，前者如盈余分配权、剩余财产分配权、新股优先认购权等，后者如表决权、股东大会召集权、质询权、提起派生诉讼权。常规的股权设计遵循同等出资同等权利。但有隐名股东、干股股东的情况下，如果不对股东权利进行弱化或强化，一旦显名股东、干股股东依《公司法》诉求其完整股东权利时，损害的不仅仅是实际投资人的利益，同时也将公司推向危险的境地。如有些干股股东要求解散公司并要求分配剩余资产，有些显名股东以公司侵犯其股东权利为由要求法院撤销工商部门的公司变更登记，有些显名股东要求分配公司红利，等等。所以在实践中需要运用章程、股东合同等形式予以约束、明确相关股东之间的权利取舍。只有在公司成立之初做相应的股东权利设计，才可以有效地避免今后产生纠纷。股东权利的弱化或强化同样适用于公司引进优秀的技术型、市场型、管理型人才。通过给予一定的股东权利留住优秀人才已经是国外一些公司常用的手法。不管出于何种目的，在设计股东权利时，首先要做到符合法律的要求；其次必须以合法的形式予以明确，可以采用章程，也可以采用合同；最后要精确设计各项股东权利，该弱化的权利必须彻底弱化。

**6. 股东会及董事会职权和表决事项的设计**

《公司法》里只是概略规定了股东会及董事会的职权及表决方式，而每个公司的实际情况千差万别，公司在设计股权结构时，应该通盘考虑一些重大事项决策所属表决部门以及相应表决程序。有些封闭式的公司规定股东对外转让股权时，需要全体股东的 2/3 表决通过，以此维护公司的人合性。有些公司对股东死亡后其继承人进入公司决策层、管理层的表决比例或时限有规定。

在公司成立之初，投资者应充分考虑自己的投资目的、投资额、投资所占公司比例，结合自己的各项优势对股权结构进行深入的分析考虑，这样不只是为了股东个人利益，也为公司今后稳健发展奠定坚实的基础。股权结构的科学设计充分体现了股东的意志自由与法律的灵活运用，建议创业者在投资合作与启动新项目时，征求专业人士的意见，打造公司长期发展的基石。

# 课程思政

## 创业者的社会责任和创业伦理

随着人脸识别、移动支付、大数据等科技手段的发展，人们在享受科技带来的方便快捷的同时，也面临日益严峻的创业伦理风险。比如，人脸识别技术容易被不法商家利用，侵害消费者的权益，同时让消费者处于被监控的环境下，没有隐私可言，还存在严重的数据泄露风险。还有近年来闹得沸沸扬扬的"大数据杀熟"事件，大数据让各种电商平台从无差别的产品推送，进化到了个性化推送。大数据根据每个人年龄、收入、消费习惯、兴趣爱好等的不同，以及购买和浏览历史等透露出来的信息，进行差异化的产品推送。但问题在于，大数据虽然了解你，却并不一定爱你，而是爱你口袋里的钱。

"君子爱财，取之有道。"美国教育家德怀特·艾伦认为高等教育具有两个目的："一个是要使学生变得聪明；一个是要使学生做有道德的人。如果我们使学生变得聪明而未具有道德，那么我们就为社会创造了危害。"创业教育也是如此，涉世未深的大学生创业者如果急功近利，就会一味追求经济利益而忽视了创业（商业）伦理风险。（商业伦理，是指组织处理与外界关系，处理内部成员之间权利和义务关系，以及在决策过程中所体现的人与人的关系和所运用的价值观念。）

"承担社会责任不是一家企业做出的选择——这不是什么可做可不做的事情，这是任何一家企业必须负起的责任。"加拿大不列颠哥伦比亚大学尚德商学院院长、创业学教授莫佐克非常强调社会责任对创业者的重要性，"企业，只有担当起社会责任，才能和世界一起前进、发展。"创业者作为创新实践者，通过创造新产品或服务和提供就业机会，极大地推动了社会进步和发展，所以创业者在创业过程中一定要成为遵守创业伦理并积极承担社会责任的典范，这是创业成功并持续发展的关键。

# 实训项目评价

技能评价表

| 分类 | 作品 | 评价指标 | 达标 | 未达标 |
|---|---|---|---|---|
| 文案写作 | 问卷调查表 | 能够有针对性地设计市场调查问卷，进行有效的市场调查并能够完成科学的统计结果分析 | | |
| | 组织结构图 | 能根据创业项目的特性及自身资源，招募到合伙人及创业团队其他成员，并进行合理的人员分工 | | |
| | 创业计划书 | 能够按照基本要求编写创业计划书，力求内容全面、言简意赅、重点突出，具有一定的说服力 | | |
| 实操展示 | 创业路演 | 能够顺利完成创业路演，呈现一定的演讲专业度（文案、PPT等的设计和使用）、团队配合程度、时间管理能力等 | | |

素质评价表

| 分类 | 素质点 | 评价指标 | 达标 | 未达标 |
|---|---|---|---|---|
| 自评 | 创新意识 | 善于思考，能够提出新想法、新建议和新策略 | | |
| | 团队协作精神 | 能够服从组织分工，和团队成员相互协作，共同完成任务 | | |
| | 自主学习能力 | 能够发现问题，并借助各种资源等自主学习更多解决问题的方法 | | |
| | 交流沟通能力 | 能够很好地表达自己的观点，并善于倾听；可以和领导、同事、客户等实现有效沟通 | | |
| | 职场行为规范与职业道德 | 遵守基本的职场行为规范和商业伦理，养成良好的职业习惯，塑造优秀的职业人品格 | | |
| 互评 | 创新意识 | 善于思考，能够提出新想法、新建议和新策略 | | |
| | 团队协作精神 | 能够服从组织分工，和团队成员协商合作，共同完成任务 | | |
| | 自主学习能力 | 能够发现问题，并借助各种资源等自主学习更多解决问题的方法 | | |
| | 交流沟通能力 | 能够很好地表达自己的观点，并善于倾听；可以和领导、同事、客户等实现有效沟通 | | |
| | 职场行为规范与职业道德 | 遵守基本的职场行为规范和商业伦理，养成良好的职业习惯，塑造优秀的职业人品格 | | |

# 课后提升

## 爱屋吉屋的没落

一个创业公司可能会因各种原因破产。虽然创始人可以相互指责，也可以将破产归咎于他们无法控制的力量，或者干脆归咎于运气不好。但创业失败通常就像泰坦尼克号和冰山一样，在船只沉没之前，导致灾难发生的因素往往都不会被承认。现实情况是，你失败的可能性比你成功的可能性更大。如果你把创业失败定义为无法实现预期的投资回报，那么95%的创业公司都是失败的。

爱屋吉屋刚创立时，是一家野心勃勃的互联网房地产中介公司。乘上O2O（Online to Offline，线上到线下）创业东风，加上5轮合计3.5亿美元融资，该公司创始人扬言"颠覆房地产行业""用互联网飞机大炮的方式挑战传统房地产中介的刀耕火种"。一开始，爱屋吉屋就"放弃笨重的传统中介门店"，仅在4千米范围内设置一家办公网店，这也是其与链家等传统中介巨头的最大区别，即爱屋吉屋打造的"轻中介"模式。简而言之，试图用O2O互联网思维重塑业务流程，以自建的线上平台找房、预约，并通过高出行业一倍的薪资组建线下经纪人团队进行带看、撮合交易，后台则采用扁平化的三级管理，引入移动办公工具，数字化管理每个工作环节，提升交易效率。

爱屋吉屋尽管一度将规模冲到行业第三，仅次于链家和中原地产，估值10亿美元，但"低中介费+高提成"的商业模式，导致每月净亏损最高达8 170万元，远远背离房地产中介行业"高佣金+低工资支出"这一通行百年的行业定律。随着亏损持续扩大，这场以烧钱换市场的资本游戏接近尾声，爱屋吉屋逐渐褪去互联网光环，变成一家传统中介机构，直至消亡。

**思考题**：爱屋吉屋失败的原因是什么？在创业过程中，商业模式是否重要？如何才能真正实现创业企业的可持续发展？

# 第二篇　创业进行时

## 项目二　企业设立

### 🔍 教学目标

**知识目标**
◆ 了解企业名称的构成；
◆ 了解银行开户的相关政策；
◆ 熟悉企业工商注册的流程；
◆ 熟悉单位结算账户的开立者及与开立相关的要求；
◆ 理解公司开立、撤销银行结算账户不应有的行为；
◆ 熟悉税务登记的流程和要求；
◆ 掌握单位结算账户的开立流程。

**能力目标**
◆ 能够拟定企业名称，完成企业工商注册；
◆ 能够掌握开立单位基本户的相关规定，以及办理步骤；
◆ 能够顺利完成税务登记；
◆ 能够顺利完成单位基本存款账户的开立。

**素质目标**
◆ 能够自主学习、独立思考、乐于创新，主动发现问题并解决问题；
◆ 具备基本的时间管理能力和信息处理能力，能够运用正确的方法和技巧掌握新知识、新技能；
◆ 具有团队精神，善于交流沟通，能顺利完成不同岗位之间的分工协作；
◆ 能恪尽职守，热爱本职工作，增强职业意识，形成职业习惯；
◆ 拥有创造价值、回报社会的责任感和服务国家、服务人民的理想抱负。

## 课前自学

创业者识别到具有潜力和商业价值的创业机会，组建好创业团队，并且整合了创业所需要的物质资源，便是成立新企业的最佳时机。新企业（或创业企业）是指创业者利用商业机会并通过整合资源所创建的一个新的具有法人资格的实体。新企业成立意味着其以组织身份参与市场活动并开始实现创业价值。

### 一、选择企业的法律形态

市场经济是法制经济。凡是准备进入市场从事生产经营活动的组织和个人，都必须事先向登记管理机关提出申请，经登记管理机关依法审查、核准登记注册并颁发相应的营业执照后，才能持照从事生产经营活动。那么要进行注册登记，就得先选择企业的法律形态，即选择以什么主体形式进入市场。在我国，民营企业的法律形态主要有股份有限公司、有限责任公司、外资企业、中外合资企业、个体工商户、个人独资企业、合伙企业等。

有限责任公司：股东以其认缴的出资额为限对公司承担责任，公司以全部资产对公司的债务承担责任。

股份有限公司：股东以其认购的股份为限对公司承担责任，公司以全部资产对公司的债务承担责任。

个人独资企业：依据《公司法》，在中国境内设立，由一个自然人投资，财产为投资人个人所有，投资人以其个人财产对企业债务承担无限责任的经营实体。

合伙企业：自然人、法人和其他组织依照《公司法》，在中国境内设立的普通合伙企业和有限合伙企业。

个体工商户：生产资料属于私人所有，主要以个人劳动为基础，劳动所得归个体劳动者自己支配的一种经济形式。个体工商户有个人经营、家庭经营与个人合伙经营三种形式。由于个体工商户以个人、家庭财产对债务承担无限责任，所以个体工商户不具备法人资格。

外商投资企业：外国企业和其他经济组织或个人以各种方式在中国境内投资，并依法律设立的承担民事责任的企业，分为外商独资企业、中外合作企业、中外合资企业。

私营企业：由自然人投资设立或由自然人控股，以雇佣劳动为基础的营利性经济组织。

不同企业的法律形态有不同的要求，对企业产生的影响也不同，表现在以下方面：开办和注册企业的成本；开办和注册企业手续的难易程度；企业的风险责任；企业的决策程序和企业的利润分配等。

## 二、拟定企业名称的注意事项

企业名称应符合国家市场监督管理总局制定的《企业名称登记管理实施办法》，由行政区划、字号、行业、法律形态依次组成，法律法规等另有规定的除外。例如，成都鼎立农业开发有限责任公司，其中"成都"为行政区划，"鼎立"为字号，"农业开发"为行业，"有限责任公司"为法律形态。

企业名称不得含有下列内容和文字：①有损于国家、社会公共利益的；②可能对公众造成欺骗或者误解的；③外国国家（地区）名称、国际组织名称；④政党名称、党政军机关名称、群众组织名称、社会团体名称及部队番号；⑤汉语拼音字母（外文名称中使用的除外）、数字；⑥其他法律、行政法规规定禁止的。

其中个体工商户名称中的法律形态可以选用"厂""店""馆""部""行""中心"等字样，但不得使用"企业""公司""农民专业合作社"字样。登记主管机关有权纠正已登记注册的不适宜的企业名称，上级登记主管机关有权纠正下级登记主管机关已登记注册的不适宜的企业名称。对已登记注册的不适宜的企业名称，任何单位和个人可以要求登记主管机关予以纠正。

## 三、与银行开户相关的政策及要求

根据《银行法》《商业银行法》《反洗钱法》《人民币银行结算账户管理办法》（中国人民银行令〔2003〕第 5 号发布）和《中国人民银行关于取消企业银行账户许可有关事宜的决定》（中国人民银行令〔2019〕第 1 号发布）等规定，单位银行结算账户开立的相关要求如下。

第一，单位银行结算账户的存款人只能在银行开立一个基本存款账户。

第二，存款人应在注册地或住所地开立银行结算账户。按规定可以在异地（跨省、市、县）开立银行结算账户的除外。

第三，存款人可以自主选择银行开立银行结算账户。除国家法律、行政法规和国务院规定外，任何单位和个人不得强令存款人到指定银行开立银行结算账户。

第四，银行结算账户的开立和使用应当遵守法律、行政法规的规定，不得利用银行结算账户进行偷逃税款、逃废债务、套取现金及其他违法犯罪活动。

第五，存款人应加强对预留银行签章的管理。

第六，存款人收到对账单或对账信息后，应及时核对账务并在规定期限内向银行发出对账回单或确认信息。

第七，存款人不得出租、出借银行结算账户，不得利用银行结算账户套取银行信用，更不得利用银行结算账户谋取利益。

第八，存款人撤销银行结算账户，必须与开户银行核对银行结算账户存款余额，交回各种重要空白票据及结算凭证和开户登记证，银行核对无误后方可办理销户手续。存款人未按规定交回各种重要空白票据及结算凭证的，应出具有关证明，造成损失的，由其自行承担。存款人尚未清偿其开户银行债务的，不得申请撤销该账户。

第九，单位从其银行结算账户支付给个人银行结算账户的款项，每笔超过 5 万元的，应向其开户银行提供相应的付款依据。从单位银行结算账户支付给个人银行结算账户的款项应纳税的，税收代扣单位付款时应向其开户银行提供完税证明。

第十，单位开立银行结算账户的名称应与其提供的申请开户的证明文件的名称全称相一致。有字号的个体工商户开立银行结算账户的名称应与其营业执照的字号相一致；无字号的个体工商户开立银行结算账户的名称，由"个体户"字样和营业执照记载的经营者姓名组成。自然人开立银行结算账户的名称应与其提供的有效身份证件中的名称全称相一致。

第十一，存款人开立、撤销银行结算账户，不得有下列行为。

（1）违反《人民币银行结算账户管理办法》的规定开立银行结算账户。

（2）伪造、变造证明文件欺骗银行开立银行结算账户。

（3）违反《人民币银行结算账户管理办法》的规定不及时撤销银行结算账户。

非经营性的存款人，有上述三种行为之一的，给予警告并处以 1 000 元的罚款；经营性的存款人有上述三种行为之一的，给予警告并处以 1 万元以上 3 万元以下的罚款；构成犯罪的，移交司法机关依法追究刑事责任。

## 四、税务登记

税务登记是税务机关对纳税人的基本情况及生产经营活动进行登记，并对纳税人实施税务管理的一项法定制度。从税务登记开始，纳税人的身份及征纳双方的法律关系即得到确认。税务登记包括设立税务登记、变更税务登记和注销税务登记。

需要向税务机关办理税务登记的单位和个人有：企业，企业在外地设立的分支机构和从事生产、经营的场所，个体工商户和从事生产、经营的事业单位等。另外，负有扣缴税款义务的扣缴义务人（国家机关除外），应当办理扣缴税款登记。税务登记可选择到办税服务厅现场办理，也可以通过电子税务局线上办理。现场办理的主要工作流程是纳税人提供营业执照，法定代表人、经办人身份证件、企业印章、账户、账号开立证明等资料，按要求填写（或录入）必备信息，税务机关工作人员审核纳税人的资料是否完整，填写的内容是否正确，各项手续是否齐全，符合受理条件的当场受理，确认税务登记信息，进行税务备案。纳税人现场申请设立税务登记具体流程如下。

### 1. 信息确认

实行"多证合一、一照一码"登记模式的纳税人，在领取营业执照30日内，到办税服务厅（场所），办理首次涉税事宜，对市场监督管理等部门的共享信息进行确认。

税务工作人员受理后，企业办税人员需完成下列事项。

（1）实名信息验证。企业与办税相关的人员（包括法定代表人、财务负责人、办税人员）需进行实名信息验证，在《风险提示书》上签字确认。

（2）一照一码户信息确认。纳税人可通过一次填报《新办纳税人涉税事项综合申请表》办理一照一码户信息确认，也可采用新办纳税人"套餐式"服务，在"套餐式"服务内办理信息确认时，一并办理财务会计制度及核算软件备案报告、存款账户账号报告、银税三方（委托）划缴协议等后续税务备案事项。

（3）取得税（费）种认定通知书。企业办税人员提供房地产、车船等相关信息，税务工作人员结合政务部门共享信息，据以认定纳税人应申报或扣缴的税（费）种。

### 2. 税务备案

（1）财务会计制度及核算软件备案。从事生产、经营的纳税人，其财务、会计制度或者财务、会计处理办法和会计核算软件，应当报送税务机关备案，填报《财务会计制度及核算软件备案报告书》。

（2）存款账户账号报告。从事生产、经营的纳税人应当自开立基本存款账户或者其他存款账户之日起15日内，向主管税务机关提交账户、账号开立证明复印件，填报《纳税人存款账户账号报告表》，书面报告其全部账号。

（3）签订扣税协议。纳税人需要使用电子缴税系统缴纳税费的，可与税务机关、开户银行签署委托银行代缴税款三方协议。纳税人从税务机关获取《委托银行代缴税款三方协议（委托划转税款协议书)》三份，双方签章后到开户银行，再填写相关信息并签章，由纳税人将留存联及账户复印件交回税务机关。

### 3. 增值税一般纳税人资格登记

增值税纳税人年应税销售额超过小规模纳税人标准（500万元）的，应申请增值税一般纳税人资格登记，或虽未超过标准但会计核算健全、能够提供准确税务资料的，可向主管税务机关申请增值税一般纳税人资格登记。企业经办人提供身份证件原件、加载统一社会信用代码的营业执照原件，填写《增值税一般纳税人资格登记表》，提交税务机关审核。

# 自学自测

## 一、选择题

1. 增值税一般纳税人的重要标准是年应税销售额超过（　　）万元。

    A. 80　　　　　　　B. 100　　　　　　　C. 300　　　　　　　D. 500

2. 存款人应在（　　）或（　　）开立银行结算账户。

    A. 注册地　　　　　B. 任何地　　　　　　C. 住所地　　　　　　D. 户籍地

3. （　　）是存款人因办理日常转账结算和现金收付需要开立的银行结算账户。

    A. 临时存款账户　　B. 一般存款账户　　　C. 个人存款账户　　　D. 基本存款账户

4. 单位开立银行结算账户，必须先了解（　　）等法律法规的相关内容，开户时应符合以上法律法规的相关要求。

    A.《银行法》　　　　　　　　　　　　B.《商业银行法》

    C.《人民币银行结算账户管理办法》　　D.《企业银行结算账户管理办法》

5. 从事生产、经营的纳税人进行税务登记时，必须完成的事项包括（　　）。

    A. 一照一码户信息确认　　　　　　　B. 财务会计制度及核算软件备案

    C. 存款账户账号报告　　　　　　　　D. 增值税一般纳税人资格登记

## 二、判断题

1. 存款人不可以自主选择银行开立银行结算账户。（　　）

2. 存款人应在注册地或住所地开立银行结算账户。按规定可以在异地（跨省、市、县）开立银行结算账户的除外。（　　）

3. 企业事业单位可以开立两个以上基本账户。（　　）

4. 从事生产、经营的纳税人应当自开立基本存款账户或者其他存款账户之日起30日内，携开户资料，向主管税务机关书面报告其全部账号。（　　）

5. 新办理税务登记的企业，在增值税纳税申报之前，预估年销售额能达到一般纳税人标准的，可以选择增值税一般纳税人资格登记。（　　）

## 三、简答题

1. 企业名称当中不能出现的内容有哪些？

2. 可以申请开立基本存款账户的存款人有哪些？

3. 存款人开立、撤销银行结算账户，不得有哪些行为？

4. 单位开立银行结算账户的名称的要求有哪些？

5. A公司于2021年3月6日取得成都市龙泉驿区工商行政管理局颁发的营业执照，公司会计小王于4月10日携带营业执照及本人身份证件前往税务局办理税务登记。问题如下。

（1）在准备办理税务登记的过程中，会计小王有哪些不符合税法规定之处？

（2）税务备案的基本流程有哪几步？

# 课中实训

## 一、企业工商注册

任务描述：

确定了企业的法律形态以后，就可以为企业进行名称预选。企业名称是一个企业区别于其他企业的标志，要能够反映企业的形象和特色，同时必须符合相关的企业登记管理条例的规定。所以组建企业的第一程序便是进行名称预选，填写《企业名称预先核准申请书》并递交工商局核准。名称预先核准的目的是审核企业申请的公司名称是否和其他相关企业重名，如果重名，企业则必须起另外的名字直到工商局审核通过。因此，企业名称预先核准是企业注册前必须履行的重要工作。

企业名称预选通过以后，应按照《公司登记管理条例》的规定，准确提交相关的资料（如公司章程、股东的法人资格证明或自然人身份证明、股东构成证明、住所证明、相关部门证明、公司法定代表人任职文件和证明等），完成企业工商注册，成为一个合法的市场"新生儿"。

任务实施：

| 序号 | 实施步骤 | 实施内容 |
|---|---|---|
| 1 | 拟定企业名称（包括 2 个备用名） | |
| 2 | 企业名称预先核准 | |
| 3 | 企业工商注册 | |
| 4 | 领取营业执照、印章等 | |

## 二、企业开立基本户

扫一扫

企业开立基本户流程

任务描述：

对于创业的人来说，在公司注册之后，需要根据业务开立一个单位银行结算账户。因为企业开增值税专用发票、贸易往来以及认证淘宝企业店铺、百度推广、微信公众号等都需要开通单位银行结算账户。

任务实施：

| 序号 | 实施步骤 | 实施内容 |
|---|---|---|
| 1 | 确定开户行 | |

续表

| 序号 | 实施步骤 | 实施内容 |
|---|---|---|
| 2 | 预约开户 | |
| 3 | 银行上门核实 | |
| 4 | 准备资料 | |
| 5 | 银行办理 | |

📖 知识拓展

### 企业证照实行"五证合一"

从 2016 年 10 月 1 日起，对新设立的法人和其他组织，在办理注册登记时，全国范围内实施"五证合一""一照一码"登记，将工商营业执照、组织机构代码证、税务登记证、社会保险登记证和统计登记证实行"五证合一"，由登记管理部门（工商、民政、机构编制等部门）发放统一社会信用代码，打印在登记证照上。

## 三、税务登记

任务描述：

领取营业执照后，根据企业的具体情况，准备税务登记必备资料，填报与税务备案相关的表格，完成税务登记和一般纳税人资格登记。

任务实施：

| 序号 | 实施步骤 | 实施内容 |
|---|---|---|
| 1 | 准备税务登记资料 | |
| 2 | 确认税务登记 | |
| 3 | 税务备案 | |
| 4 | 一般纳税人资格登记 | |

### 知识拓展

## 变更税务登记和注销税务登记

**一、变更税务登记**

变更税务登记是纳税人税务登记内容发生重要变化时向税务机关申报办理的税务登记手续。

**1. 变更税务登记的适用范围**

纳税人办理税务登记后，凡发生下列变化之一的，应办理变更税务登记。

（1）改变单位名称，法定代表人（负责人）、业主姓名。

（2）改变住所、经营地点（不涉及主管税务机关变动的）。

（3）改变经济性质或企业类型。

（4）改变产权关系。

（5）改变生产经营范围、经营方式。

（6）改变注册资金（资本）。

（7）改变或增减银行账号。

（8）改变其他税务登记所列内容。

**2. 变更税务登记程序**

纳税人按规定须在工商行政管理机关办理变更登记的，应自工商行政管理机关变更登记之日起30日内，持书面申请、变更后的营业执照（副本）、纳税人变更登记内容的决议及有关证明文件，以及税务机关要求提供的其他证件、资料，到原税务登记机关填写《变更税务登记表》，申报办理变更税务登记。

**二、注销税务登记**

注销税务登记，是指纳税人税务登记内容发生了根本性变化，须终止履行纳税义务时向税务机关申报办理的税务登记手续。

**1. 适用范围**

纳税人发生下列情形之一的，应办理注销税务登记。

（1）纳税人发生解散、破产、撤销的。

（2）纳税人被工商行政管理机关吊销营业执照的。

（3）纳税人因住所、经营地点或产权关系变更而涉及改变主管税务机关的。

（4）纳税人发生的其他应办理注销税务登记情况。

**2. 注销税务登记程序**

纳税人应当在向工商行政管理机关申请办理注销登记前或者有关机关批准或宣告终止之日起15日内，持相关证件及资料，到原主管税务机关领取并填写《注销税务登记申请审批表》，办理注销登记。

# 课程思政

### 依法创建，守法经营，合法发展

遵纪守法指的是每个公民都要遵守纪律和法律，尤其要遵守职业纪律和

扫一扫

税务局征管员岗位
工作说明书

与职业活动相关的法律法规。遵纪守法是每个公民应尽的义务，是建设和谐社会的基石。

　　制度是人为设计的、形塑人们互动关系的约束，市场主体登记制度是确立法人主体资格、对其进行身份管理的一种制度安排。2021年4月14日召开的国务院常务会议通过《市场主体登记管理条例（草案）》。草案提出六大举措，包括提升登记便利度、精简申请材料和登记环节、推动解决"注销难"、设立歇业制度、明确诚信和监管要求、法律责任和处罚措施等。草案整合已出台的关于市场主体登记管理的行政法规，对在我国境内以营利为目的从事经营活动的各类企业、个体工商户、农民专业合作社等登记管理作出统一规定，为培育壮大市场主体和促进公平竞争提供法治保障。随着"五证合一""金税四期"等政策的完善和落实，为对企业实行"宽进""严管"的创新监管体系提供了基础性支撑，这意味着市场主体登记制度更多地体现的是市场主体的行商权公示功能，对市场主体事前行政许可的功能，将逐渐被市场主体的自主决策、自担风险和自律管理，以及市场运行中的法律和经济手段的监督功能替代。中国人民大学法学院教授刘俊海表示，草案是我国"十四五"时期为培育和壮大市场主体、充分释放活力而推出的商事制度行政法规，对于进一步简政放权、深化"放管服"改革，降低市场准入门槛、鼓励大众创业万众创新等具有重大的现实意义。

　　初创企业从设立开始就要严格按照国家工商管理机构、国家税务机构和国家金融监管机构的相关法律法规，依法创建、守法经营和合法发展。创业教育更应该从一开始就帮助大学生树立学法、知法、守法、用法的意识，增强法治意识，做个守法公民，同时也懂得维护自身的合法权益。

# 实训项目评价

技能评价表

| 分类 | 作品 | 评价指标 | 达标 | 未达标 |
|---|---|---|---|---|
| 文案写作 | 公司名称 | 能够根据与国家工商管理相关的规定,拟定有效的企业名称并通过企业名称预先审核 | | |
| | 公司章程 | 能根据企业自身的具体情况,完成公司章程编写 | | |
| | 银行开户申请书 | 能够根据《人民币银行结算账户管理办法》的相关规定,正确填写银行开户申请书 | | |
| | 税务登记 | 能够根据《税收征收管理法》的相关规定,准备相关资料,在税务局进行实名信息验证,取得税(费)种认定通知书 | | |
| | 税务备案 | 能根据企业自身的相关信息,完成财务会计制度及核算软件备案、报告存款账户账号 | | |
| | 一般纳税人资格登记 | 能判断增值税纳税人身份,填报《增值税一般纳税人资格登记表》 | | |
| 实操展示 | 企业注册全流程 | 能够顺利完成注册全流程,按照相关要求,提交与注册相关的必要资料 | | |
| | 企业开立基本户 | 能够顺利完成银行开立基本户的全流程,按照相关要求,提交与开户相关的必要资料 | | |
| | 税务登记全流程 | 能够顺利完成税务登记全流程,提交与税务登记相关的必要资料,通过税务局的审核 | | |

素质评价表

| 分类 | 素质点 | 评价指标 | 达标 | 未达标 |
|---|---|---|---|---|
| 自评 | 创新意识 | 善于思考,能够提出新想法、新建议和新策略 | | |
| | 团队协作精神 | 能够服从组织分工,和团队成员相互协作,共同完成任务 | | |
| | 自主学习能力 | 能够发现问题,并借助各种资源等自主学习更多解决问题的方法 | | |
| | 交流沟通能力 | 能够很好地表达自己的观点,并善于倾听;可以和领导、同事、客户等实现有效沟通 | | |
| | 职场行为规范与职业道德 | 遵守基本的职场行为规范和商业伦理,养成良好的职业习惯,塑造优秀的职业人品格 | | |
| 互评 | 创新意识 | 善于思考,能够提出新想法、新建议和新策略 | | |
| | 团队协作精神 | 能够服从组织分工,和团队成员协商合作,共同完成任务 | | |
| | 自主学习能力 | 能够发现问题,并借助各种资源等自主学习更多解决问题的方法 | | |
| | 交流沟通能力 | 能够很好地表达自己的观点,并善于倾听;可以和领导、同事、客户等实现有效沟通 | | |
| | 职场行为规范与职业道德 | 遵守基本的职场行为规范和商业伦理,养成良好的职业习惯,塑造优秀的职业人品格 | | |

# 课后提升

合伙企业的合伙协议

初创企业的创始人为了降低风险，也可能出于资源整合等方面的原因，会选择合伙创业，那么一定要签合伙协议。

**一、合伙协议的属性**

合伙企业是指两个或两个以上的自然人或法人，根据合伙协议而共同出资、共同经营、共享收益、共担风险的营利性组织，合伙人一般承担无限连带责任，或者依法承担有限责任。合伙协议是调整合伙关系、规范合伙人相互间的权利与义务、处理合伙纠纷的基本法律依据，也是合伙得以成立的法律基础。合伙人基于其之间的桥梁——合伙协议成为一个组织，也可能会因经营等问题出现纠纷，而解决纠纷的核心依据即为合伙协议的约定或法律的规定。

合伙协议的特征主要表现在两方面。一方面，它是一种共同行为。这就是说，合伙协议是全体合伙人的意思表示一致的行为，它与一般属于双边行为的合同是不同的。要成为合伙人，必须毫无异议地接受合伙协议的全部条款。另一方面，它包含共担风险、共享收益的内容。合伙人是共担风险、共享收益的，所以，合伙协议必须包含该内容。各个合伙人都应当按照合伙协议享受权利和承担义务，任何一个合伙人违反协议对其他合伙人都构成违约。合伙协议的内容不能排除法律关于合伙人对外责任的规定，也不能对抗善意的第三方，对合伙人具有严格的拘束力。

**二、合伙协议是合伙组织体的法律基础**

（1）合伙协议规定了合伙组织体的经营目的。合伙人成立合伙组织的目的就是共同经营合伙事业。合伙事业是各合伙人利益的共同指向，是其追求的目标。正是因为其经营共同的事业，所以他们才需要共同出资、共同经营、共享利益、共担风险。

（2）合伙协议确立了合伙人的基本权利与义务关系。合伙人在目的上具有共同性。在追求这一目的的过程中，各合伙人要相互合作，共同实现他们经营合伙事业的目的。为了实现这一目的，就需要通过合伙协议规定诸如出资、合伙事务管理、盈利与亏损分配及入伙、退伙等事项。合伙人行使权利、承担义务的基本依据就在于合伙协议的约定。

（3）合伙协议是合伙人承担责任的依据。合伙人在违反法律和合伙协议所规定的义务的情形下，应当承担相应的责任。虽然《合伙企业法》对合伙企业中的合伙人的责任作出了规定，但有关合伙人的义务与责任更多来自合伙协议的约定。

（4）合伙可以不成立企业，但必须订立合伙协议。合伙可分为持续合伙和偶然合伙。持续合伙，是指合伙人之间订立的在较长期限内持续存在的合伙。偶然合伙，是指合伙人之间为了特定事项而临时组成的持续时间较短的合伙。无论是持续合伙，还是偶然合伙，都具有特定的合伙目的。依据《合伙企业法》第十八条的规定，合伙协议应当载明合伙目的。

**思考题：** 如果你和朋友合伙办企业，你会签订合伙协议吗？为什么？

# 项目三　企业战略管理

🔍 **教学目标**

知识目标　◆　理解战略与战略管理的含义；
　　　　　◆　掌握战略管理过程的主要步骤。

能力目标　◆　能够进行基本的战略分析；
　　　　　◆　能够制定各个层次的企业战略；
　　　　　◆　能够在模拟企业运营的过程中执行战略；
　　　　　◆　能够进行有效的战略控制。

素质目标　◆　能够自主学习、独立思考、乐于创新，主动发现问题并解决问题；
　　　　　◆　具备基本的时间管理能力和信息处理能力，能够运用正确的方法和技巧掌握新知识、新技能；
　　　　　◆　具有团队精神，善于交流沟通，能顺利完成不同岗位之间的分工协作；
　　　　　◆　能恪尽职守，热爱本职工作，增强职业意识，形成职业习惯；
　　　　　◆　拥有创造价值、回报社会的责任感和服务国家、服务人民的理想抱负。

## 课前自学

战略布局犹如企业灵魂，无论是已经颇具规模的大中型企业，还是小微企业，战略规划都是必须进行的工作。只有做好战略规划，整个企业从上到下所有员工才知道自己努力的目标和方向，才更有动力和专注度去完成目标，促进企业的发展和成长。

### 一、企业战略的定义及相关概念

企业战略是指企业在市场经济竞争激烈的环境中，在总结历史经验、调查现状、预测未来的基础上，为谋求生存和发展而做出的长远性、全局性的谋划或方案。从企业未来发展的角度看，战略表现为一种计划（Plan）；从企业过去发展历程的角度看，战略则表现为一种模式（Pattern）。从产业层次来看，战略表现为一种定位（Position）；从企业层次来看，战略则表现为一种观念（Perspective）。此外，战略也表现为企业在竞争中采用的一种计谋（Ploy）。这就是加拿大麦吉尔大学教授明茨伯格（Mintzberg）提出的5P理论。

企业为实现战略目标，制定战略决策、实施战略方案、控制战略绩效的动态管理过程，我们称为企业战略管理。

在战略管理理论中，愿景、使命都是非常重要的概念。愿景（Vision）：公司的未来目标。使命（Mission）：公司为何存在。愿景和使命是战略的核心要点和旗帜。而战略（Strategy）则是帮助我们实现愿景和使命并建立可持续的核心竞争优势的一系列计划。

## 二、企业战略管理的全过程

战略管理有 3 个重要环节，即战略分析、战略制定和战略实施，并可以细分为 9 个步骤：外部环境分析、内部环境分析、战略目标设定、制定企业战略、制定经营战略、制定职能战略、战略方案的评价与选择、战略实施、战略控制，如图 3-1 所示。

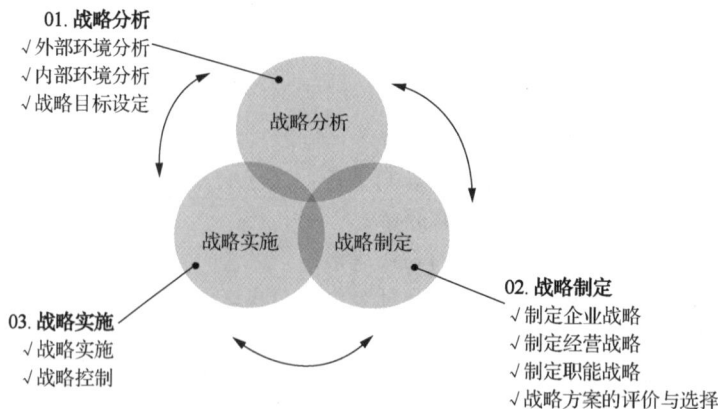

**01. 战略分析**
√外部环境分析
√内部环境分析
√战略目标设定

战略分析

战略实施　战略制定

**03. 战略实施**
√战略实施
√战略控制

**02. 战略制定**
√制定企业战略
√制定经营战略
√制定职能战略
√战略方案的评价与选择

图 3-1　战略管理的过程

### 1. 战略分析

企业在制定其发展战略之前，需要对外部环境和内部环境进行全面分析，以便制定出适合自身发展且能够指导企业运营管理的战略方向和目标，如图 3-2 所示。

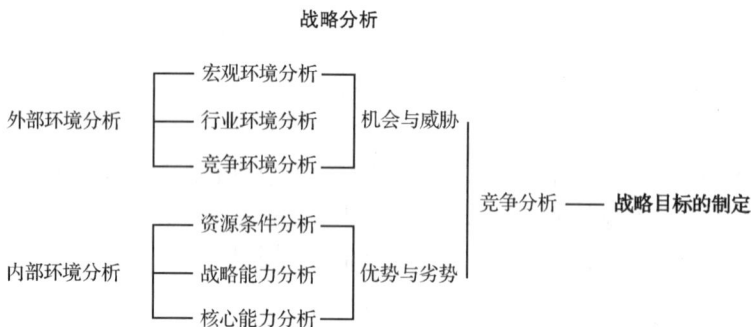

战略分析

外部环境分析 ── 宏观环境分析、行业环境分析、竞争环境分析 ── 机会与威胁

内部环境分析 ── 资源条件分析、战略能力分析、核心能力分析 ── 优势与劣势

竞争分析 ── **战略目标的制定**

图 3-2　战略分析的过程

（1）外部环境分析。

战略制定者通过对市场宏观环境和微观环境的分析，判断出有市场潜力的行业，从宏观角度根据政治、经济、法律、技术、人口、自然和社会环境等进行判断，了解市场的"大环境"是怎样的，另外通过行业报告可以了解一个行业的增长情况、投融资情况、重点企业的分布情况等。

① 企业宏观环境分析。

企业宏观环境分析主要包含对政治法律环境、经济环境、技术环境、社会文化环境的分析，即战略制定者非常熟悉的 PEST 分析。

进行企业宏观环境分析，主要目的是认清外部宏观环境的形势，从而确定对企业经营管理有哪些方面的影响，并采取相应的措施来制定自身发展的

扫一扫

了解 PEST 分析

策略。例如：国家宏观经济发展水平是否能保障企业的增长预期，企业是否需要改变现有的产品结构、市场布局策略是否需要调整、技术水平是否需要进一步提高以满足市场需求等。

② 行业环境分析。

行业环境分析包含行业周期分析、行业集中度分析、行业吸引力分析、行业结构分析及竞争对手分析等方面。其中行业周期分析是要确定企业所从事的行业处于哪个发展阶段（引入期、增长期、成熟期、衰退期），从而采取不同的发展策略来应对；行业集中度分析是要确定行业发展的现状和趋势，行业市场是否已经被几个巨头垄断，企业能否从中分得一份市场份额，应采取何种竞争策略等；行业吸引力分析是为了确定行业是否有发展前景，一般来讲，具有吸引力的行业具有进入门槛高、买方和卖方议价能力不强、替代品威胁小、企业间竞争不激烈、行业增长快等特点。

（2）内部环境分析。

企业拥有什么样的资源，人力、财力、技术现状如何？企业的优势和弱点是什么？这都是内部环境分析需要解决的问题。

① 企业资源条件分析。

企业资源是指企业所拥有或控制的有效因素的总和，包括资产、生产或其他作业程序技能和知识等。资源分析的目的在于识别企业资源状况、企业资源方面所表现出来的优势和劣势以及对未来战略目标制定和实施的影响如何。企业资源是其获得持续竞争优势的重要基础。企业资源主要有有形资源、无形资源、人力资源等类型。

企业的资源有很多，哪些资源能够带来竞争优势，有以下四个判断标准：稀缺资源（资源的稀缺性）（我有你没有的）；不可模仿资源（资源的不可模仿性）（我有你没有，关键你还模仿不了的）；不可替代资源（资源的不可替代性）；持久资源（资源的持久性）。

② 企业能力分析。

企业能力来源于企业有形资源、无形资源和组织资源的整合，是企业各种资源有机组合的结果。企业能力主要由研发能力、生产管理能力、营销能力、财务能力和组织管理能力等组成。企业在具有重要竞争意义的经营活动中能够比其竞争对手做得更好的能力称为核心能力。

企业的能力应同时达到以下 3 个标准才可称为核心能力：它对顾客有价值；它与企业竞争对手相比有优势；它很难被模仿或复制。

（3）竞争分析。

进行外部环境分析和内部环境分析之后，就确定了要进入的行业，接下来通过价值链了解行业中的各个环节，选择要进入的市场，了解会面临的竞争对手，通过波特五力模型分析与这些竞争对手之间的优劣势，看进入该市场的壁垒如何。在这个阶段就可以确定一个企业具体要做什么了。

扫一扫

了解波特五力模型

① 竞争对手分析。

竞争对手分析即通过了解竞争对手的信息，获知竞争对手的发展策略及行动，以做出最适当的应对。对竞争对手的分析涉及四个方面，即竞争对手的未来目标、假设、现行战略和潜在能力，如图3-3所示。

对竞争对手未来目标的分析与了解，有利于预测竞争对手对其目前的市场地位以及财务状况的满意程度，从而推断其改变现行战略的可能性以及对其他企业战略行为的敏感性。对竞争对手的假设的分析，目的在于揭示竞争对手对其自身、所处行业以及行业内其他企业的评价和看法。对竞争对手现行战略的分析，目的在于揭示竞争对手正在做什么、能够做什么。战略制定者通过对竞争对手现行战略的分析，可以帮助企业了解竞争对手目前是如何进行竞争的，如果将来竞争结构发生了变化，竞争对手进行战略调整的力度。对竞争对手能力的分析，目的在于揭示竞争对手的优势和劣势，而其优势与劣势将决定其发起战略反击行动的能力以及处理所处环境或行业中事件的能力。

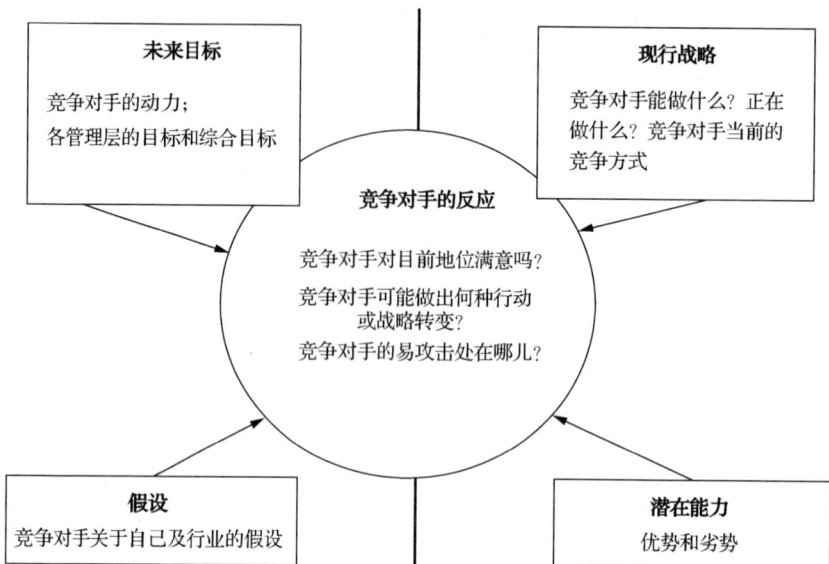

图 3-3 竞争对手分析的基本框架

② 价值链分析。

价值链是指企业所有互不相同但又相互关联的生产经营活动构成的创造价值的一个动态过程，如图 3-4 所示。价值链对企业活动进行分解，通过考虑这些单个的活动本身及其相互之间的关系来确定企业的竞争优势。

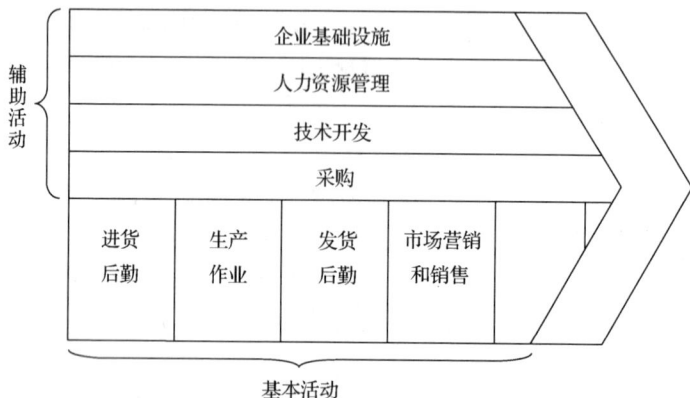

图 3-4 企业价值链：基本活动及辅助活动

（4）确定战略目标。

战略目标，是对企业战略经营活动预期取得的主要成果的期望值。战略目标的设定，是对企业宗旨的展开和具体化，是对企业宗旨中确认的企业经营目的、社会使命的进一步阐明和界定，也是对企业在既定的战略经营领域开展战略经营活动所要达到的水平的具体规定。

市场占有率、销售额、利润、投资回报率、投资回报周期等，这些是企业在执行战略前需要考虑的目标，后期的执行需要根据对战略目标的拆解，进行组织和资金上的安排。

### 2. 战略制定

战略分析为战略制定提供了坚实的基础，战略制定主要包括四部分的内容。

制定企业战略——应该进入什么业务领域？企业战略包括一体化战略、多元化战略和组合战略等，制定企业战略需要企业经营者具有较强的市场洞察力，掌握未来的发展趋势。如京东当年放弃线下全面转向线上，以及后来进入物流领域和金融领域；又如巨人集团当年进入医药保健领域和房地产领域，以及后来进入网络游戏领域，这些都属于企业战略。

制定经营战略——应该如何经营？如何应对竞争？经营战略按照经营态势分为稳定战略、发展战略和紧缩战略；按照竞争战略分为全面成本领先战略、差异化战略和专一化战略，如某食品公司的专一化战略是以众多品牌的商品挤占超市货架并斥巨资做广告，以此赢得竞争；按照产品和市场分为市场渗透战略、市场开发战略、产品延伸战略和多元化战略。

制定职能战略——该职能如何支持经营战略目标的实现？职能战略包括生产战略、市场营销战略、人力资源战略等，例如某公司的生产战略是通过采购先进设备和采用先进的生产技术来降低成本。

战略方案的评价与选择——评价战略备选方案通常有两个标准：一是考虑该战略能否发挥企业优势，克服劣势，能否利用机会，将威胁削弱到最低程度；二是考虑该战略能否被利益相关者接受。对战略的评估最终要落实到战略收益、风险和可行性分析的财务指标上。在战略方案选择上可以参考波士顿分析法。

扫一扫

波士顿分析法

### 3. 战略实施及控制

战略实施是战略管理过程的第三阶段，目的在于把战略制定阶段所确定的意图性战略转化为具体的组织行动，实现组织预定目标。新战略的实施常常要求一个组织在组织结构、经营过程、能力建设、资源配置、企业文化、激励制度、治理机制等方面做出相应的变化和采取相应的行动。

**战略执行**：各业务部门对战略的落地执行检验团队的执行力。马云和蔡崇信都选择了一流的执行力三流的想法，因为很多事情没有结果不是方向错了，而是执行不到位，所以在执行过程中一定要加强监督和把控，执行到位。

**战略控制**：将信息反馈的实际绩效与战略目标相比较；查找差异及分析原因；对战略进行修正、协调、监督。

## 三、撰写企业战略规划书

企业战略规划书是一份用于指导企业未来实践的框架。一份高质量的战略规划报告，应当能够体现前瞻性、可执行性、可理解性。

### 1. 企业战略规划书的格式

不同的企业所从事的行业、经营范围、企业规模以及所处的发展阶段都存在差异，企业所面临的战略环境和战略选择倾向性也不完全相同，我们以适应面宽的企业战略规划书参考格式为例。

一般来讲，企业战略规划书由封面、目录、战略规划正文、附录组成。战略规划书的正文应当包括以下主要内容。

第一部分：企业概况。重点介绍企业的发展历史、现行组织结构框架、企业法人治理结构、经营业务构成、主要经济指标分析。

第二部分：环境分析。着重从宏观（PEST 分析）、中观（行业竞争波特五力模型分析）、微观（产品市场竞争波士顿分析法）三个层次的环境来加以研究，运用SWOT分析法发现机会与威胁，为战略制定和战略实施提供客观依据。尤其要突出顾客需求及其变化趋势、行业特点与发展趋势、本企业所具有的优势与劣势等方面的准确分析和判断。

第三部分：企业战略指导思想与目标定位。在与企业高层充分沟通意见的基础上，了解他们对企业愿景、使命、战略指导思想的初步看法。由于愿景、使命、指导思想直接关系到企业具体战略的选择和设计，所以企业战略指导思想、战略依据、目标定位的内容应经过反复讨论、广泛征求意见后而成。尤其是企业发展体系的制定，既要涉及总体发展目标，也要涉及分事业部、分职能、分年度的具体目标。

第四部分：企业战略方案选择。一个规模较大的企业，撰写战略规划书既要涉及企业总体发展战略，也要涉及经营单位的具体战略。一个规模并不大的企业，也要有发展战略的总体构想，并尽可能地按职能领域（如营销战略、生产战略、人力资源发展战略、研发战略、财务与筹资战略、国际化战略）分别撰写。

第五部分：企业战略的实施计划。在选择了战略类型以后，应当根据企业现实情况，从促进企业发展的角度，提出具有前瞻性的具体实施方案。该部分应当包括以下内容：体制与机制的创新、核心竞争力的培养方案、组织结构的调整计划、产业纵向整合的方案、产品结构的调整、投融资计划、人力资源开发计划、企业文化建设方案等。

第六部分：保障措施。从提高战略规划可操作性的角度来看战略咨询者还应当提供切实可行的保障措施以及列出应当引起企业管理层注意的事项。例如，广泛宣传发动、注意组织引导、科学分解任务、推进依法治企、支持和谐发展观，从而最大限度保证战略方案得到实施。

以上提供的战略规划书格式涉及诸多职能领域的内容。如果要撰写的是一份单一职能领域（如人力资源管理、市场开发等）专项性的战略规划书，上述框架可以作为参考，但应当考虑更为细化的各职能领域的具体战略和实施方案。战略规划书参考目录如图3-5所示。

图3-5　战略规划书参考目录

**2. 注意事项**

战略规划书的格式固然重要，但战略制定过程中的许多关键性活动都将影响战略规划书的质量。在撰写战略规划书的过程中，战略制定者应反复提炼战略指导思想、做到写作语言通俗易懂。

# 自学自测

### 一、单选题

1. （　　　）是企业总体的、最高层次的战略。
   A. 企业战略　　　　B. 职能战略　　　　C. 经营战略　　　　D. 市场战略

2. 某食品公司通过以众多品牌的商品挤占超市货架并斥巨资做广告，以此赢得竞争属于（　　　）。
   A. 经营战略　　　　B. 职能战略　　　　C. 企业战略　　　　D. 生产战略

3. 企业通过有效途径降低成本，使企业的全部成本低于竞争对手的成本，从而获取竞争优势的战略是（　　　）。
   A. 营销战略　　　　B. 竞争优势战略　　C. 差异化战略　　　D. 低成本战略

4. 战略管理过程不包括（　　　）。
   A. 战略分析　　　　　　　　　　　B. 战略演变
   C. 战略方案的选择与评价　　　　　D. 战略实施

5. 迪士尼在美国、日本和英国所开的迪士尼乐园都比较成功，赚取了大量的利润。可是在法国开的迪士尼乐园自开业以来年年亏损，其原因是忽视了（　　　）。
   A. 政治法律因素　　B. 技术因素　　　　C. 经济因素　　　　D. 社会文化因素

### 二、判断题

1. 从企业层次来看，战略表现为一种计划（Plan）；从企业未来发展的角度看，战略则表现为一种模式（Pattern）。从企业过去发展历程看，战略表现为一种定位（Position）。从产业层次来看，战略则表现为一种观念（Perspective）。此外，战略也表现为企业在竞争中采用的一种计谋（Ploy）。（　　　）

2. 进行企业宏观环境分析，主要目的是认清外部宏观环境的形势，从而确定对企业经营管理有哪些方面的影响，并采取相应的措施来制定自身发展的策略。（　　　）

3. 企业拥有什么样的资源，人力、财力、技术现状如何？企业的优势和弱点是什么？这都是外部环境分析需要解决的问题。（　　　）

4. 对竞争对手的分析涉及四个方面，即竞争对手的未来目标、假设、现行战略和潜在能力。（　　　）

### 三、简答题

1. 简述战略管理的过程。

2. 如何进行战略分析？

3. 评价战略备选方案的标准有哪些？

4. 企业战略、经营战略及职能战略主要解决什么问题？

5. 如何进行战略控制？

# 课中实训

## 一、初创企业战略规划

任务描述：

不同阶段的企业都需要战略规划，初创企业更需要关注三个板块：产品+营销+战略。不同阶段的企业顶层设计的侧重点有所不同，初创企业的顶层设计侧重一到三年的经营领域和目标。

任务实施：

| 序号 | 实施步骤 | 实施内容 |
|---|---|---|
| 1 | 战略分析 | |
| 2 | 战略制定 | |
| 3 | 形成完整规范的发展规划 | |

## 二、战略宣讲

任务描述：

通过路演的方式向企业员工或外界宣讲本企业的战略规划。通过路演，一方面，本企业员工可以更好地了解企业的发展目标，对于企业文化建设具有重要意义；另一方面，便于其他企业更加深入地了解本企业，形成良好的合作关系。

任务实施：

| 序号 | 实施步骤 | 实施内容 |
|---|---|---|
| 1 | 宣讲准备 | |
| 2 | 正式宣讲 | |
| 3 | 追踪反馈 | |

## 三、战略实施及控制

任务描述：

在模拟企业的运营过程中执行战略，通过比较信息反馈的实际绩效与战略目标，查找差异并分析原因，进一步对战略进行修正、协调及监督，形成战略绩效报告。

任务实施：

| 序号 | 实施步骤 | 实施内容 |
|------|----------|----------|
| 1 | 战略实施 | |
| 2 | 实际绩效与战略目标比较 | |
| 3 | 原因分析 | |
| 4 | 战略修正 | |
| 5 | 形成战略绩效报告 | |

**📖 知识拓展**

### 战略的类型

企业的战略类型包括：基本竞争战略、一体化战略、多元化战略、加强型战略、防御性战略等。

基本竞争战略包括成本领先、差异化、目标集中等战略类型；一体化战略包括纵向一体化战略和横向一体化战略；多元化战略包括集中化多元、横向多元、混合多元等类型；加强型战略包括市场渗透战略、产品开发战略、市场开发战略等；防御性战略主要包括收缩战略、剥离战略、清算战略等。

扫一扫

各种战略及特点

# 课程思政

### 企业战略中的社会责任

企业在制定企业战略规划时，不但要创造利润、对股东收益承担责任，还要承担对员工、消费者、社区和环境的责任。企业的社会责任要求企业必须超越把利润作为唯一目标的传统理念，强调在生产过程中对人的价值的关注，强调对消费者、对环境、对社会的贡献。

在战略管理中勇于承担社会责任，无限极有限公司做到了。"基于中草药健康产品的战略，我们在精准扶贫方面和企业的发展战略是高度一致的。"无限极有限公司媒体事务总监张先生说，无限极有限公司在精准扶贫方面，主要聚焦在两件事，一件是教育扶贫，另一件是产业扶贫。

教育扶贫：开办思利及人助学圆梦班，截至 2019 年已在全国 30 个省份开办，约有 1 000 个学生陆续毕业。学生毕业后的月基本工资几乎都达到 3 500 元以上，基本帮助他们自身的家庭实现了脱贫。

产业扶贫：公司在全国 19 个省份建立了 40 个中草药种植基地，收到了非常可观的效益和扶贫成果。例如，通过中草药种植基地，吸引了在外务工人员回乡当药农，一方面提高了药农收入，另一方面实现了家中老有所依、少有所养，具有重要的意义。

无限极有限公司践行企业社会责任和公益战略，为其他企业树立了良好的榜样。

# 实训项目评价

技能评价表

| 分类 | 作品 | 评价指标 | 达标 | 未达标 |
|---|---|---|---|---|
| 文案写作 | 初创企业的三年发展战略规划 | 能够进行有效的战略分析，制定各个层级的三年发展规划，并对战略的实施和控制有预判 | | |
| | 战略绩效报告 | 能够通过比较信息反馈的实际绩效与战略目标查找差异并分析原因，进一步对战略进行修正 | | |
| 实操展示 | 战略宣讲 | 能够顺利完成战略宣讲，呈现一定的演讲专业度（文案、PPT等的设计和使用）、团队配合程度、时间管理能力等 | | |

素质评价表

| 分类 | 素质点 | 评价指标 | 达标 | 未达标 |
|---|---|---|---|---|
| 自评 | 创新意识 | 善于思考，能够提出新想法、新建议和新策略 | | |
| | 团队协作精神 | 能够服从组织分工，和团队成员相互协作，共同完成任务 | | |
| | 自主学习能力 | 能够发现问题，并借助各种资源等自主学习更多解决问题的方法 | | |
| | 交流沟通能力 | 能够很好地表达自己的观点，并善于倾听；可以和领导、同事、客户等实现有效沟通 | | |
| | 职场行为规范与职业道德 | 遵守基本的职场行为规范和商业伦理，养成良好的职业习惯，塑造优秀的职业人品格 | | |
| 互评 | 创新意识 | 善于思考，能够提出新想法、新建议和新策略 | | |
| | 团队协作精神 | 能够服从组织分工，和团队成员协商合作，共同完成任务 | | |
| | 自主学习能力 | 能够发现问题，并借助各种资源等自主学习更多解决问题的方法 | | |
| | 交流沟通能力 | 能够很好地表达自己的观点，并善于倾听；可以和领导、同事、客户等实现有效沟通 | | |
| | 职场行为规范与职业道德 | 遵守基本的职场行为规范和商业伦理，养成良好的职业习惯，塑造优秀的职业人品格 | | |

# 课后提升

## 小米公司三次战略转折

小米公司成立于 2010 年 3 月，是一家专注于高端智能手机、互联网电视以及智能家居生态链建设的创新型科技企业。"让每个人都可享受科技的乐趣"是小米公司的愿景。小米公司首创了用互联网开发产品的模式，用极客精神做产品，用互联网模式干掉中间环节，致力于让全球每个人，都能使用来自中国的优质科技产品。

小米公司从成立至今，经历了三次战略转折。

### 一、以手机为核心发展战略

在发展起步阶段，小米公司的主要战略是集中力量扩大手机的生产与销售，以小米手机为流量入口，以 MIUI 搭建起软件平台，并用米聊（类似微信的功能）作为手机的灵魂，连接软硬件和社区，以此提供流量分发和增值服务。

战略影响：以优质低价的产品销售策略获得手机销量的持续增长；获得大量客户对产品的认可，同时吸引更多"米粉"的关注；市场影响力不断提高，获得市场融资。

威胁：2012 年米聊推广的不畅，以及微信的快速发展，造成米聊势衰，小米不得不调整战略。

### 二、"明星"单品扩张战略

小米开发了小米盒子、路由器、小米电视、移动电源等"明星"单品。以移动电源为例，其是一款最初一年预计仅可销售 2 万个的产品，在 2013 年推出的第一年便"吃掉"了全国 50% 以上的市场份额，销量达到上千万个。

### 三、生态链战略

小米战略的核心秘密，就是制造一种基于手机设备的全新主导。小米的生态链由手机、电视、路由器三大产品线基础，以及小米网、MIUI、供应链等核心优势构成，中心不做品类扩张，只做内容扩张，而品类扩张由生态链上的各个不同模块完成。

生态链企业也包括三层，第一层是智能硬件生态链；第二层是内容产业生态链；第三层是云服务。如今，小米的生态链企业已经超过 200 家，可以说，小米在一定程度上引领了新国货品牌浪潮，激活了诸多行业，促进了我国相关制造业的进步。

据小米披露的 2020 年财报，小米电视连续 8 个季度稳居我国销量第一，小米 AIoT 平台的设备连接数突破 3.25 亿台，小爱同学月活用户达到 8 670 万，在智能生活领域继续领跑全行业。

2021 年 3 月 30 日，小米集团（01810.HK）在港交所发布公告称，智能电动汽车业务立项。首期投资 100 亿元人民币，预计未来 10 年投资额达 100 亿美元，小米集团董事长兼首席执行官雷军兼任智能电动汽车业务的首席执行官。

"我决定亲自带队，这是我人生最后一次重大的创业项目。"雷军说，"我深知做出决定意味着什么，我愿意压上我人生所有积累的战绩和声誉，为小米汽车而战。"

小米用 10 年的时间创造了一个发展的奇迹，小米即将开启下一个 10 年，雷军也愿意押上一生的战绩和声誉，重新出发，再造一个小米。

**思考题**：在小米公司的战略规划及战略调整中，有什么是初创企业值得借鉴的呢？

# 项目四 企业人力资源管理

## 🔍 教学目标

**知识目标**
◆ 了解人力资源在现代企业管理中的作用和主要工作内容；
◆ 理解人力资源规划的主要工作任务；
◆ 熟悉招聘管理的四大环节；
◆ 理解培训管理、绩效管理、薪酬管理的流程；
◆ 理解员工关系管理的工作内容。

**能力目标**
◆ 能够设计公司考勤管理制度，对员工进行考勤管理；
◆ 能够开展工作分析，编写工作说明书；
◆ 能够对公司人力资源供需的数量和质量进行分析；
◆ 能够选择合理的招聘渠道和选拔方法，完成员工招聘；
◆ 能够制订公司的培训计划并组织实施；
◆ 能够设计绩效考核表，并组织实施绩效考核；
◆ 能够设计具有竞争力、公平性的薪酬体系，并进行薪酬核算；
◆ 能够编制员工活动方案并组织活动实施；
◆ 能够设计员工满意度调查问卷并组织实施问卷调查。

**素质目标**
◆ 能够自主学习、独立思考、乐于创新，主动发现问题并解决问题；
◆ 具备基本的时间管理能力和信息处理能力，能够运用正确的方法和技巧掌握新知识、新技能；
◆ 具有责任心、担当意识和团队合作精神，注重自身品德修养的培养，能选出在知识和能力上符合岗位需求，且诚实、守信的员工；
◆ 能恪尽职守，公平公正，热爱本职工作，增强职业意识，养成职业习惯；
◆ 具有吃苦耐劳、脚踏实地的工作作风，摒弃眼高手低、好高骛远的择业就业观；
◆ 正确看待培训学习、绩效考核与薪酬回报，理解多样化的价值回报，避免一切向"钱"看。

## 课前自学

　　企业经营的本质就是获取利润，而利润来自企业的各项业务，各项业务又都是由人来完成的，所以经营一家企业最重要的不是经营产品和服务，而是经营人。因此，对人的管理是现代企业管理的核心。现代企业管理理论认为，管理的基本目的之一就是采用特定方法，充分发挥人的积极性、主动性和创造性。因此，人力资源管理是企业的重中之重。人力资源管理主要通过人力资源规划、招聘管理、培训管理、绩效管理、薪酬管理、员工关系管理六大业务模块，对组织中的人力资源进行充分的利用并开发其潜能，以保证组织目标实现。

## 一、人力资源规划

人力资源规划需要完成两项基础工作：一是了解分析"事"（工作分析，分析事是什么，需要怎样的人来完成）；二是了解分析"人"（预测人力资源的供给与需求的数量、质量、结构），并在此基础上制定人力资源各模块的工作目标及实施方案。

### 1. 工作分析

工作分析就是分析职位本身的工作职责、工作性质、工作关系、工作环境及人员胜任特征，其结果是形成工作说明书，包括工作描述和工作规范。

工作描述是关于工作本身的描述，主要功能是让员工了解具体的工作职责，有助于员工的聘用、培训、考核和确定员工薪酬等。

工作规范是关于任职资格的描述，包括承担该项工作的人需要具备的学历、经验、知识、技能等方面的内容，主要用于招聘选拔和培训。

工作分析应以职位为出发点，分析职位本身的内容、性质、关系、环境及人员胜任特征，而不是分析任职者如何，这样才不会因为人员更替导致职责等内容变化，影响组织目标的实现。

工作分析的方法有：资料分析法、现场观察法、面谈法、问卷调查法、关键事件法、功能性职务分析法等。每一种方法都有它的优缺点，因此要根据工作分析的目的与内容，本着经济实用的原则选择一种或几种适用的方法。

表4-1是一份人力资源经理的工作说明书，里面明确了该职位需要承担的工作职责等与工作相关的事项，也提出了任职资格。

表4-1　工作说明书——人力资源经理

| 人力资源经理工作说明书 | | | | |
|---|---|---|---|---|
| **岗位描述** | 岗位名称 | 人力资源经理 | 岗位编号 | HR-001 |
| | 所属中心 | 总经办 | 所属部门 | 人力资源部 |
| | 直接上级 | 总经理 | 同级岗位 | 各部门经理 |
| | 直接下属 | 招聘主管，薪酬与绩效主管，培训主管，企业文化主管 | | |
| | 岗位价值 | 协助制定、组织实施公司人力资源战略、建设发展人力资源各项构成体系，最大限度地开发人力资源，为实现公司经营发展战略目标提供人力保障 | | |
| **主要工作职责** | 1. 负责公司战略转型期组织管理、人力资源、政府关系类三个项目及子项目的立项与推进工作；<br>2. 负责公司文化定义和建设、团队拓展与建设、公司组织正规化；<br>3. 负责资源中心和信息中心、基层组织的强化管理；<br>4. 负责干部晋升与末位淘汰制、工资规范与平衡体制的建立；<br>5. 完成总经理临时交办的各项工作任务 | | | |
| **任职资格描述** | 1. 本科及以上学历，与管理、人力资源相关的专业，28～45岁，6年以上相关岗位工作经验，拥有人力资源管理师二级以上职业资格证书；<br>2. 熟悉现代人力资源管理理论，受过战略管理、战略人力资源管理、组织变革管理、管理能力开发等方面的培训；<br>3. 具备良好的综合分析能力、组织能力、协调能力、沟通能力；<br>4. 有强烈的事业心和工作责任感，有创新、成本意识和团队精神；<br>5. 具有战略、策略化思维，有能力建立、整合不同的工作团队，具有解决复杂问题的能力 | | | |

### 2. 人力资源供给与需求预测

人力资源供给与需求预测是指根据企业的战略目标和外部环境的变化，以及工作分析的结果，合理地分析和预测企业未来对人力资源的需求和供给状况，并根据这些制定出相应的计划，以保证企业在适当的时候获得适当数量、质量和结构的人力资源，满足企业和个人的需求。

比如：①人力资源供不应求，企业就需要招聘新员工、培训、晋升、外包、工作再设计等；②人力资源供大于求，企业就需要减少临时工数量、实行工作分担制、提前退休、裁员等；③人力资源供求相等但结构不合理，可以对现有人力资源重新配置，也可以进行有针对性的培训和人员置换，解雇一些组织不需要的员工，再补充一些组织需要的人员。

人力资源供需预测的方法有：需求预测的方法——德尔菲法、经验判断法、趋势预测法、回归预测法、比率分析法、散点分析法、计算机预测法；内部供给预测的方法——管理者继任模型、马尔科夫转移矩阵、组织内部员工档案资料分析法；外部供给预测可以使用需求预测的方法。

## 二、招聘管理

招聘选拔工作的好坏关乎一个企业的生死存亡，尤其是一些重要岗位，一旦选人失误，企业将付出巨大的代价。所以，选人用人是企业最大的风险，解决风险的关键就是有效招聘，以岗定人、量才适用。

### 1. 招聘管理的原则

少而精原则——要做到能少招则不多招；宁缺毋滥原则——要做到能岗匹配；以岗定人原则——要做到量才适用；公正公平原则——要求企业建立公正公平的招聘机制；内部优先原则——目的是激励优秀员工努力工作。

### 2. 招聘选拔的工作流程

招聘选拔工作包括员工招募、员工选拔、员工录用、招聘评估四个环节。其中员工招募包括撰写招聘简章、选择招聘渠道、发布招聘信息，员工选拔包括简历筛选、组织面试、测试、背景调查，员工录用包括做出录用决策、体检、签订聘用合同、试用、正式录用，招聘评估主要指对招聘的结果、招聘的成本和招聘的方法等方面进行评估。

### 3. 招聘选拔的工作要点

做好招聘选拔工作需要把握以下几个工作要点。

（1）撰写简洁全面的招聘简章。

招聘简章的内容一般包括组织简介、招聘岗位、任职条件、工作职责、工作地点、福利待遇、联系方式等必要信息，力求真实、合法、简洁、全面、明确、有吸引力。避免不符合岗位需求的求职者投递简历，增加简历筛选的时间成本。

（2）选择合适的招聘渠道。

企业在进行人员招聘之前，一定要对所需人力资源进行分析，了解潜在求职者的可能位置，从而有针对性地发布招聘信息，以吸引足够多的符合企业要求的应聘者。因为人力资源具有一定的层次性，不同的信息渠道对不同人力资源的影响程度不一样。招聘渠道选得好可以吸引足够多的符合条件的应聘者。可以选择的招聘渠道有：报纸、杂志、广播、电视、互联网、新媒体、中介、猎头、校园、人才市场、熟人推荐等。同时需要注意内部与外部招聘对员工工作积极性和企业绩效的影响。

（3）组织精干的招聘队伍。

人员招聘活动是企业与应聘者双向选择的过程，既是企业在选择人才，也是应聘者在选择企业。组织精干的招聘队伍，是组织招聘到优秀人才的基础。这是因为：第一，招聘者自身知识面的广泛程度决定他进行人力资源测试的深度；第二，组织招聘过程也是对外宣传的过程，对组织的形象和组织文化进行更好的描述，应聘者可以从中了解到组织的相关信息，从而更好更全面地认识组织。招聘队伍一般由组织的高层管理者、人力资源部员工，以及用人部门的直接主管和一般员工构成。

（4）快速高效地筛选简历。

筛选简历时，首先要对照企业的用人标准和岗位对人的需求，淘汰不符合要求的人员，其次应注意对求职者简历中空白时间的审查，最后在重点审查求职者的工作经历时，关注求职者的工作成绩和工作变换频率及其原因。

（5）选择合适的选拔测试方法。

常用的选拔测试方法包括笔试、面试、心理测试、能力测试等，在人员招聘时，通常结合企业空缺岗位的用人要求，多种测试方法结合运用。

（6）克服面试中的心理偏差。

面试官在面试过程中需要克服的心理偏差有：晕轮效应、与我相似效应、首因效应、对比效应等。面试过程中以面试目的为中心，一视同仁并采用结构化或半结构化面试，可以提升面试效果。

（7）不要忽略招聘评估。

招聘评估主要指对招聘的结果、招聘的成本和招聘的方法等方面进行评估。一般在一次招聘工作结束之后，要对整个招聘工作进行总结和评价，目的是进一步提高下次招聘工作的效率。招聘评估中的量化评估方法包括成本效用评估和数量质量评估。成本效用指标包括：总成本效用、招募成本效用、选拔成本效用、录用成本效用。数量质量指标包括：录用比、招聘完成比、应聘比。

（8）招聘应以"剩者"为王。

要按照工作分析中的任职资格去招最合适的人，而不是招最优秀的人。因为最优秀的人很快就能超越目前工作岗位的任职资格要求，很容易流失，人才一旦流失，前期的一切努力几乎白费。同时，招聘还需要关注应聘者是否认同本公司的企业文化，因为认同企业文化的人更容易留下来，不认同企业文化的员工很难融入公司，对公司对个人都是损失。

## 三、培训管理

人力资源管理把员工培训看成一种投资，组织投入的财力和时间等换来的是员工工作效率和生产力的提高。一个员工离开组织的可能性越小，组织在该员工身上的投入所得到的回报就越高。

### 1. 培训管理的流程

培训管理的流程是：培训需求分析、制订培训计划、培训实施、培训效果评估。

（1）培训需求分析是为了对症下药，让培训更有针对性。培训需求分析可以分为三个层次。

一是企业分析，着重于确定在整个企业范围内需要培训什么，找准企业的需求点之后再结合个人的需求点，这样的培训才能达到共赢；

二是人员分析，就是确定哪种人需要进行培训以及培训他是否合适，有些人就算接受了培训，也不会产生效果，那就没必要在他身上浪费精力；

三是任务分析，就是确定培训的内容，即员工完成任务、达到令人满意的工作绩效所必须掌握的知识和技能都是什么，做有针对性的培训，保证员工学有所获。

（2）培训计划的主要内容包括培训目标、培训内容、培训对象、培训时间、培训场所、培训师资、培训方式和培训资料等。

（3）培训实施主要就是做好培训控制。培训控制是指在培训过程中不断根据目标、标准和受训者的特点，矫正培训方法、进程的各种努力。培训控制是培训实施的一个重要部分，能够保证组织培训紧紧围绕事先确立的培训目标展开。在大型组织的培训中，一般会有管理人员全程参与培训，并及时对培训提出意见和建议。

（4）培训效果评估对企业员工培训十分重要。通过培训效果评估，既可以了解培训产生的效益，进而肯定成绩、找出差距，以改进培训工作，又可以为未来的培训打好基础。培训效果评估有利于进一步开发企业人力资源。培训效果评估可以从四个层次进行，如表4-2所示。

表 4-2　培训效果评估的四个层次

| 评估层次 | 主要内容 |
| --- | --- |
| 一级评估即反应层次评估 | 主要了解员工对于培训项目的主观感受。比如是否喜欢、是否有用、有何意见等主观感受 |
| 二级评估即学习层次评估 | 主要评估员工通过培训学到了哪些新的知识、技能。一般采用笔试、现场操作、情景模拟和角色扮演等方式进行 |
| 三级评估即行为层次评估 | 一般由上级、同事、下属、专家或客户等观察员工经过培训后，行为是否有所改善，以及是否将培训中所学的知识和技能运用到工作中 |
| 四级评估即结果层次评估 | 这是培训效果评估的最高层次，主要是对员工经过培训后个人绩效以及组织绩效的提高程度进行评价。一般通过一些具体指标如生产率、事故率、投诉率等来进行衡量 |

### 2. 培训管理的工作要点

做好培训工作需要把握以下几个工作要点。

（1）不要总是试图培训所有人，重点抓住新员工和新管理者。新员工第一课，最好由企业领导上课，将企业文化给新员工讲透，直接传达企业的期望。新上任的管理者，承担着管理任务，他们对员工的影响是最直接的，现代企业中很多员工离职都是因为对直接上司不满。所以企业第一线的主管和经理特别重要，一定要统一他们的思想和行动，帮助整个企业稳定发展。

（2）培训要贴合实战，不要只讲理念层面的东西，要让员工真正去体验实际工作。

（3）要让业务骨干来当讲师，这样的培训对员工更有吸引力，可以迅速提升他们的个人能力，也有利于公司整体竞争力的提升。

（4）构建合理的淘汰机制，让员工树立起"有培训必有考核，有考核必有淘汰"的理念，激励他们在培训中努力提升自己。

## 四、绩效管理

绩效管理就是制定员工的绩效目标并收集与绩效有关的信息，定期对员工的绩效目标完成情况进行评价和反馈，以改善员工工作绩效并最终提高企业整体绩效的制度化过程。

### 1. 绩效管理的流程

绩效管理的流程包括制订绩效管理计划、实施绩效考核、绩效反馈与面谈、绩效考核结果应用 4 个环节。

（1）制订绩效管理计划。

绩效管理计划的内容包括绩效指标、绩效标准、绩效目标和绩效权重。绩效管理的首要任务是确定绩效指标，绩效指标不要只强调结果，因为一个结果是多个因素共同作用产生的。绩效指标一般包括三个方面的内容：①品质（人怎么样）②行为（如何干的）③结果（干出了什么）。绩效标准是指组织对员工工作的各项具体要求。绩效目标是指组织对部门和个人的具体要求。绩效权重是指考核期内组织的重点目标。绩效标准和绩效目标的区别在于：绩效标准是针对工作提出的要求，绩效目标是针对部门和员工提出的要求。通过绩效管理计划，员工可以了解本绩效周期内的战略目标和具体的工作安排，并且知道如何达到所设定的工作目标。

（2）实施绩效考核。

绩效考核是指按照事先确定的工作目标及其衡量标准，评价员工实际完成既定工作目标以及克服困难的情况的程序。一般情况下，考核主体在以下五类人中进行选择，即员工的直接上级、同级同事、直属下级、员工本人和客户。考核主体在绩效考核的过程中应严格遵循考核标准，依据客观事实对员工绩效进行考核，要避免主观因素对考核结果的影响，考核结果应公正、客观。绩效考核按其周期可分为月度、季度和半年度、年度考核。考核方法包括比较排序法、强制分配法、评级量表法、行为锚定法、行为观察量表法、混合标准测评法、描述法、关键事件法等。

（3）绩效反馈与面谈。

绩效考核的结果一定要反馈给员工，和员工一起制定有针对性的改进绩效的方案。绩效面谈是反馈绩效考核结果的一种主要方式。成功的企业对绩效面谈都是非常重视的，因为绩效面谈可以让员工明确自己的优势与劣势，利于员工的职业成长和企业的持续发展。绩效改进方案通常涉及需要改进的工作内容、改进的原因、目前的工作水平和改进后期望能够达到的工作水平、改进的方式和途径、完成期限等。

（4）绩效考核结果应用。

绩效考核的结果一定要和员工的切身利益挂钩，可以运用到岗位调整、培训开发、薪酬调整和奖金分配等领域，激励员工不断提升绩效，提高工作技能水平，从而提升整个企业的竞争力。

## 2. 绩效管理的工作要点

（1）确定合理的绩效考核标准。

确定了考核指标后，考核标准一定要明确且有挑战性。如果一个标准确定下来，大家都说好，那就是不好；都说不好，肯定也不行。应该是一部分优秀的人觉得好，因为只要努力就可以达到；一部分能力不足的人觉得不行，因为有压力，认为做不到。这样通过绩效考核，就能实现优胜劣汰。

（2）考核结果实施强制分布。

绩效考核结果尽量实施强制分布，按照 2 : 7 : 1 排列，让 20% 的人看到晋升或加薪的希望，让 10% 的人感到危机，这样整个企业才会充满活力。

# 五、薪酬管理

薪酬管理是一个企业针对所有员工提供的服务来确定报酬总额以及报酬结构和报酬形式的过程。

## 1. 薪酬管理的流程

薪酬管理的流程如下。①明确企业的薪酬政策与目标，即明确采用哪种薪酬政策，高薪、低薪还是平均价位。②工作岗位分析与评价，这是确定薪酬制度的前提和依据，目的在于明确每个岗位的相对价值，确定各岗位的薪酬等级。③薪酬调查，对不同地区、行业和不同类型企业进行薪酬调查是为了了解和掌握企业外部的各种薪酬影响因素，确保本企业的薪酬制度对外具有竞争性、对内具有公平性。④企业薪酬制度结构的确定，需要根据岗位评价将相对价值转换成具体薪酬数额，明确各岗位的相对价值与实付薪酬对应的数值关系。⑤设定薪酬等级与薪酬标准，确定企业内各岗位的具体薪酬范围及等级划分标准。⑥薪酬制度的贯彻实施，建立工作标准与薪酬的计算方式，对员工进行绩效考核，发挥薪酬激励作用，并在实施过程中根据情况适时调整。

### 2. 薪酬管理的公平性原则

公平是薪酬管理的第一要务，薪酬管理最重要的原则就是公平性原则，包括以下三个方面的公平。

（1）外部公平性：本组织的薪酬水平应该不低于同一行业、同一地区或同等规模的其他组织。

（2）内部公平性：同一组织内部不同职位所获得的薪酬应该与该职位的价值成正比。

（3）个人公平性：个人所获得的薪酬与同一组织内部其他相同或相似职位的人所获得的薪酬具有可比性。

### 3. 薪酬的组成部分

我们一般谈到的薪酬，主要包括以下三个部分。

（1）基本薪酬。

基本薪酬是指企业根据员工所在的工作岗位、所具备的工作技能、能力或经验，向员工支付的稳定性报酬。

（2）可变薪酬。

可变薪酬是指根据员工是否达到或超过某一事先确立的绩效标准而浮动的报酬。可变薪酬将员工所获得的薪酬与其绩效直接联系起来，因此具有很强的激励性。企业可以根据员工的工作性质，在薪酬结构中适当加大可变薪酬的比例。

（3）福利。

福利有国家法定福利和组织自愿福利两种。

我国的法定福利项目包括法定社会保险（养老保险、失业保险、医疗保险、工伤保险和生育保险，具体缴费比例见表 4-3）和法定休假（①公休假日。我国目前劳动者每周的公休假日为 2 天，用人单位应当保证劳动者每周至少休息 1 天。②法定休假日，即国家法律规定的节日休假。我国目前法定休假日包括元旦、春节、清明节、劳动节、端午节、中秋节、国庆节。③带薪年休假。劳动者连续工作一年以上的，享受带薪年休假。）。

表 4-3 国家法定社会保险缴费比例

| 项目 | 企业 | 个人 |
| --- | --- | --- |
| 基本养老保险 | 20% | 8% |
| 基本医疗保险 | 6% | 2% |
| 失业保险 | 2% | 1% |
| 工伤保险 | 一类行业 0.6%<br>二类行业 1.2%<br>三类行业 2% | 0% |
| 生育保险 | 1% | 0% |

组织自愿福利是组织在法定福利的基础上，自主为其成员提供的额外的保障和服务。如组织为其员工提供的企业年金计划、补充的健康保险计划、心理咨询服务、子女教育补助等。

## 六、员工关系管理

员工关系管理就是企业和员工的沟通管理，这种沟通更多采用柔性的、激励性的、非强制的手段，从而提高员工满意度，支持企业其他管理目标的实现。

很多大企业都要设立员工关系经理或员工关系专员，比如 IBM、雅芳、宝洁等名企都设有自己的员工关系经理，专门负责做好员工关系管理工作。一些中小型企业虽然没有专人负责，但也都很重视员工关系，一般会由负责薪酬或者绩效考核的员工兼任员工关系专员。

### 1. 员工关系管理的流程

员工关系管理应该贯穿员工入职到离职及离职后的关系维护全过程。企业一定要善待离职员工，离职员工关系处理直接影响到公司口碑，影响到未来的招聘效果。处理好离职员工关系的要点是：①合法补偿，不要让员工离职时因为钱而怨恨公司；②组织欢送会，温暖员工心（辞退员工除外）；③快速办理离职手续，特别是与财务有关的手续。

### 2. 员工关系管理的工作要点

员工关系管理需要把握以下几个工作要点。

（1）劳动合同管理和处理劳动争议要做到合理合法、公平公正。

（2）在员工纪律管理上要遵循"热炉"法则，让员工不敢靠近企业制度红线，只要靠近，一定立即严肃处理，且一视同仁。

（3）年终进行员工满意度调查，及时了解员工对环境、管理、晋升、工作、报酬等方面的满意度。

（4）建立员工申诉制度，让员工能够通过正常途径宣泄其不满情绪，化解内部紧张关系，进而消除劳资争议。

（5）定期举办员工活动，通过丰富多彩的员工活动（比如素质拓展、旅游、员工联谊、聚餐、年会以及员工参与性较强的文娱体育活动），增进员工之间的沟通交流，调动员工工作积极性，缓解工作压力，增强团队凝聚力。

扫一扫

女职工的劳动保护

# 自学自测

### 一、选择题

1. 人力资源规划需要完成哪两项基础工作？（　　　）
   　A. 工作分析　　　　　　　　　　　B. 招聘
   　C. 培训　　　　　　　　　　　　　D. 人力资源供给与需求预测

2. 招聘管理的原则有哪些？（　　　）
   　A. 少而精，宁缺毋滥　　　　　　　B. 内部优先
   　C. 以岗定人　　　　　　　　　　　D. 公正公平

3. 培训需求分析可以从哪三个层次进行？（　　　）
   　A. 企业　　　　　B. 资金　　　　　C. 人员　　　　　D. 任务

4. 绩效考核结果的应用领域有哪些？（　　　）
   　A. 岗位调整　　　B. 培训开发　　　C. 薪酬调整　　　D. 奖金分配

5. 薪酬管理的公平性原则主要体现在哪几个方面？（　　　）
   　A. 外部公平性　　B. 内部公平性　　C. 个人公平性　　D. 绝对公平性

### 二、判断题

1. 工作分析应以在岗位上工作的"人"为出发点。（　　　）

2. 选人用人是企业最大的风险，解决风险的关键就是有效招聘，以岗定人、量才适用。（　　　）

3. 现在的"90后""00后"离职率太高，因此现代人力资源管理把员工培训看成一种不理智的行为。（　　　）

4. 绩效标准和绩效目标的区别在于：绩效标准是针对部门和员工提出的要求，绩效目标是针对工作提出的要求。（　　　）

5. 薪酬管理要求首先要提高薪酬水平的竞争力，先发挥薪酬的激励作用，留住并吸引优秀人才，然后再考虑其他。（　　　）

### 三、简答题

1. 提升招聘有效性的方法有哪些？

2. 培训管理的流程是什么？

3. 绩效管理的流程是什么？

4. 薪酬的组成部分包括哪些？

5. 处理好离职员工关系需要做好哪些方面的工作？

# 课中实训

## 一、设计考勤管理制度

任务描述：

考勤管理，是企业劳动纪律管理的基本工作，也是绩效管理工作的一部分。它通过约束的手段来统一公司全体员工的工作态度、规范公司全体员工的工作行为、提升公司全体员工的工作业绩。严格执行考勤管理制度，还有利于构建企业公平公正的工作氛围。

任务实施：

| 序号 | 实施步骤 | 实施内容 |
|------|---------|---------|
| 1 | 拟定考勤管理制度 | |
| 2 | 编制考勤记录表 | |
| 3 | 实施考勤管理 | |

## 二、开展工作分析

任务描述：

工作分析是人力资源管理工作的基础和依据，因为只有确定了每个职位的责权和人员的胜任特征，才有可能进行准确的人力资源供给与需求预测、合理的招聘选拔、有针对性的培训与考核，制定公平的薪酬福利政策和妥善处理员工关系。

任务实施：

| 序号 | 实施步骤 | 实施内容 |
|------|---------|---------|
| 1 | 工作分析准备 | |
| 2 | 工作分析实施 | |
| 3 | 编写工作说明书 | |

## 三、开展供需预测

任务描述：

人力资源供给与需求预测的目的是保证企业在适当的时候获得适当数量、质量和结构的人力资源，避免人员冗余或人员短缺影响组织目标达成。

任务实施：

| 序号 | 实施步骤 | 实施内容 |
|---|---|---|
| 1 | 人力资源需求分析 | |
| 2 | 人力资源供给分析 | |
| 3 | 人力资源供需平衡策略 | |

## 四、进行招聘选拔

任务描述：

招聘选拔工作的好坏关乎一个企业的生死存亡，尤其是一些重要岗位，一旦选人失误，企业将付出巨大的代价。所以，选人用人是企业最大的风险，解决风险的关键就是有效招聘，以岗定人、量才适用。

任务实施：

| 序号 | 实施步骤 | 实施内容 |
|---|---|---|
| 1 | 员工招募 | |
| 2 | 员工选拔 | |
| 3 | 员工录用 | |
| 4 | 招聘评估 | |

## 五、进行培训开发

任务描述：

人力资源管理把员工培训看成一种投资，组织投入的财力和时间等换来的是员工工作效率和生产力的提高。一个员工离开组织的可能性越小，组织在该员工身上的投入所得到的回报就越高。一个组织若想持续发展，根据培训需求分析组织员工培训就是非常必要的工作。

任务实施：

| 序号 | 实施步骤 | 实施内容 |
|---|---|---|
| 1 | 培训需求分析 | |
| 2 | 制订培训计划 | |

续表

| 序号 | 实施步骤 | 实施内容 |
|------|----------|----------|
| 3 | 培训实施 | |
| 4 | 培训效果评估 | |

## 六、实施绩效考核

任务描述：

人们不会做你希望他们做的事，只会做你要检查的事。如果你强调什么，你就会检查什么，你不检查就等于不重视。绩效考核是绩效管理的核心环节，这个环节是以科学地设计绩效指标、绩效标准、绩效目标、绩效权重为前提的。

任务实施：

扫一扫

岗位绩效考核表
模板

| 序号 | 实施步骤 | 实施内容 |
|------|----------|----------|
| 1 | 设计绩效指标 | |
| 2 | 设计绩效标准 | |
| 3 | 设定绩效目标 | |
| 4 | 设定绩效权重 | |
| 5 | 实施绩效考核 | |
| 6 | 绩效考核反馈与结果应用 | |

## 七、实施薪酬管理

任务描述：

企业薪酬管理需要在保证公平的前提下，考虑提高薪酬水平的竞争力，发挥薪酬的激励作用，并结合本组织的实际支付能力，尽量控制劳动力成本，在竞争力、激励性和经济性之间寻求平衡。因此首先需要对企业中的工作岗位进行分析与评价，确定各岗位的相对价值，再通过薪酬调查确定有竞争力的薪酬方案。

扫一扫

岗位职级对应表
和工资表模板

扫一扫

个人所得税的
计算方法

任务实施:

| 序号 | 实施步骤 | 实施内容 |
|---|---|---|
| 1 | 工作岗位分析与评价 | |
| 2 | 薪酬调查<br>(确定企业各岗位薪酬水平) | |
| 3 | 设计公司福利方案 | |
| 4 | 编制具体的薪酬制度 | |
| 5 | 薪酬制度的贯彻实施<br>(绩效考核、薪酬核算与发放) | |

## 八、设计员工活动方案

任务描述:

员工关系管理是以企业各种规章制度为基础,以丰富多彩的员工活动为载体,通过组织素质拓展、旅游、员工联谊、聚餐、年会以及员工参与性较强的文娱体育活动等,增进员工之间的沟通交流,调动员工工作的积极性,缓解工作压力,增强团队凝聚力。

任务实施:

| 序号 | 实施步骤 | 实施内容 |
|---|---|---|
| 1 | 确定活动目的、形式 | |
| 2 | 编写活动方案 | |
| 3 | 组织活动实施 | |
| 4 | 评估活动效果 | |

## 九、实施员工满意度调查

任务描述:

员工满意度调查通常以访谈、问卷调查等形式,收集员工对环境、管理、晋升、工作、报酬等方面的满意度,帮助企业及时发现管理上的问题,为解决问题提供数据支撑。员工满意度调查还有助于培养员工对企业的认同感、归属感,不断增强员工对企业的向心力和凝聚力。

任务实施：

| 序号 | 实施步骤 | 实施内容 |
|---|---|---|
| 1 | 确定调查目的、任务 | |
| 2 | 设计调查提纲、问卷 | |
| 3 | 收集、分析调查资料 | |
| 4 | 制定管理问题解决方案 | |

📖 知识拓展

### HRBP 的内涵及作用

HRBP（Human Resource Business Partner）即人力资源业务合作伙伴，实际上就是企业派驻到各个业务或事业部的人力资源管理者，主要协助各业务单元高层在员工发展、人才发掘、能力培养等方面的工作。HRBP 的主要工作内容是负责企业的人力资源管理政策、制度规范在各业务单元的推行落实，协助业务单元完善人力资源管理工作，并帮助培养和提升业务单元各级管理者的人力资源管理能力。HRBP 需要切实针对各业务单元的特殊战略要求，提供独特的解决方案，将人力资源和其自身的价值真正内嵌到各业务单元的价值模块中，这样才能真正发挥其自身的重要作用。

HR 与 HRBP 的区别

理论基础扎实，拥有良好的沟通能力、逻辑思维能力和学习能力，是对 HR 的基本要求。而 HRBP 在此基础上还应该对业务有深入的理解。HRBP 通常是站在业务部门的角度，解决业务部门的个性化需求，让人力资源的价值成为业务部门达成业务目标过程中的助力。同时在业务部门发生问题时，HRBP 能够利用自身对业务的了解，及时发现问题是不是与人力资源相关，并拿出相应的解决方案。"HR 要向 HRBP 转型"，已经成了一个很流行的说法。表 4-4 分别从态度、能力和目标三个方面具体体现了二者的区别。

表 4-4 HR 与 HRBP 的区别

| 区别 | | HR | HRBP |
|---|---|---|---|
| 态度 | 勇于改变 | 既成的思维方式和工作习惯 | 一切从客户需求而不是从 HR 专业出发 |
| | 换位思考 | 本位意识和条块分割 | 积极寻求共识 |
| | 乐于还权 | 干预直线经理的人事管理 | 把属于直线经理的权力和责任还给他们 |
| 能力 | 业务知识 | 无所谓 | 既具备 HR 专业知识，又了解业务 |
| | 外部视角 | 仅关注 HR 工作本身 | 关注外部客户和投资者需要 HR 做什么 |
| | 有效沟通 | 基本没有业务沟通 | 以恰当的角度、深度、频度，实现 HR 与业务部门的相互理解和配合 |
| 目标 | 存在价值 | 完成企业交办的人事任务 | 给企业创造利润 |
| | 角色定位 | HR 专家 | HR 专家+业务伙伴 |
| | 业务关联 | 无 | 清晰了解业务部门的目标和流程 |

# 课程思政

树立正确的择业观和就业观

## 1. 先生存，再发展，从基层做起

选择单位和具体工作时，要量力而行，切忌眼高手低、好高骛远。树立先生存、再发展、先就业、再择业、后创业的观念，切不可追求一步登天。任何单位对招聘的应届毕业生，总是让他从最基本的工作做起，在工作中考察他的品行、能力、素质，根据他的表现和工作需要，逐步安排晋升并提高工资待遇、福利待遇等。这个过程，既是单位对他的了解过程，又是毕业生表现自我过程。

## 2. 立人先立德，加强自身道德修养

企业在进行员工招聘时，对员工所掌握的知识、技能和经验自然是非常看重的，但这些都要以道德修养为前提。道德往往可以弥补智慧的不足，智慧常常不能填补道德的空白。因此，立人先立德。知识掌握和能力提升固然重要，但与此同时，更要注重自身品德修养的培养，做到诚实、守信，富有责任心、担当意识和团队合作精神。

## 3. 用现实眼光选择单位，树立大众化的就业观

在社会中，就业职位的层次分布是呈三角形的，从顶端向下，各职位层次对劳动力的技能要求逐渐下降，数量逐渐增多。"供需矛盾"决定着毕业生就业职位的分布与就业层次、薪酬水平等状况。我国每年新增劳动力和需要就业的人数远远高于新增职位数，在这种情况下，大学毕业生的就业将向社会职位的"三角形"底端移动，大学毕业生树立大众化的就业观念已势在必行。

## 4. 把培训看作学习的机会，树立终身学习的意识

当今社会，只有有能力的人，才不会被时代所淘汰。很多企业都会给员工安排各种培训，对于不能立竿见影的培训，员工往往心生抱怨，从而影响了培训效果，员工的能力也无法得到有效提升。员工要珍惜企业给予的培训机会，树立终身学习的意识，在培训中积极参与，保证自己学有所获，不断充实自己。

## 5. 正确看待绩效考核与薪酬回报，用"结果"换"薪酬"

常言道，"一分耕耘，一分收获"。企业和员工的关系本质上是交换关系，员工提供工作结果，企业支付报酬。"君子爱财，取之有道"，高绩效才能有高收入，付出和回报是呈正相关的，幸福生活是奋斗得来的。

## 6. 理解多样化的价值回报，避免一切向"钱"看

薪酬除外在薪酬还有内在薪酬。外在薪酬是经济或物质性的回报，内在薪酬是指由于努力工作而受到表扬、晋升或重视等，从而个体产生的工作的成就感、荣誉感和责任感。工作价值回报呈现多样化趋势，精神财富与物质财富同等重要。大学生应多视角看待报酬问题，就业初期应以自我成长为中心，避免一切向"钱"看，摒弃拜金主义。

# 实训项目评价

技能评价表

| 分类 | 作品 | 评价指标 | 达标 | 未达标 |
|---|---|---|---|---|
| 文案写作 | 考勤管理制度 | 能够拟定符合公司现实情况的考勤管理制度，且不违反《劳动法》 | | |
| | 工作说明书 | 能根据公司不同岗位性质编写符合岗位要求的工作说明书，明确各岗位的工作职责和任职资格 | | |
| | 招聘简章 | 能够以工作说明书为基础，编制符合公司和岗位要求的招聘简章。力求真实、合法、简洁、全面、明确、有吸引力 | | |
| 实操展示 | 进行招聘选拔 | 能够根据人力资源供需分析，选择合理的招聘渠道和选拔方法，完成员工招募、员工选拔、员工录用、招聘评估 | | |
| | 进行培训开发 | 能够在对公司和员工进行培训需求分析的基础上，制订合理的培训计划，组织培训实施，并进行培训效果评估 | | |
| | 实施绩效考核 | 能够根据岗位工作性质，设计合理的绩效考核表，实施绩效考核，并就绩效考核结果与员工进行有效的反馈面谈，运用绩效考核的结果对员工进行激励和引导 | | |
| | 实施薪酬管理 | 根据公司工作岗位分析与评价和薪酬调查的情况，确定公司各岗位薪酬水平，设计公司福利方案，编制具体的薪酬制度。以绩效考核为依据，进行薪酬核算与发放，保证薪酬制度的贯彻实施 | | |
| | 设计员工活动方案 | 能够根据活动目的，确定合理的活动形式，编制活动方案，组织活动实施，评估活动效果 | | |
| | 实施员工满意度调查 | 能够根据调查目的，明确调查任务，有针对性地设计调查提纲、问卷，收集、分析调查资料，并制定管理问题解决方案 | | |

素质评价表

| 分类 | 素质点 | 评价指标 | 达标 | 未达标 |
|---|---|---|---|---|
| 自评 | 创新意识 | 善于思考，能够提出新想法、新建议和新策略 | | |
| | 团队协作精神 | 能够服从组织分工，和团队成员相互协作，共同完成任务 | | |
| | 自主学习能力 | 能够发现问题，并借助各种资源等自主学习更多解决问题的方法 | | |
| | 交流沟通能力 | 能够很好地表达自己的观点，并善于倾听；可以和领导、同事、客户等实现有效沟通 | | |
| | 职场行为规范与职业道德 | 遵守基本的职场行为规范和商业伦理，养成良好的职业习惯，塑造优秀的职业人品格 | | |
| 互评 | 创新意识 | 善于思考，能够提出新想法、新建议和新策略 | | |
| | 团队协作精神 | 能够服从组织分工，和团队成员协商合作，共同完成任务 | | |
| | 自主学习能力 | 能够发现问题，并借助各种资源等自主学习更多解决问题的方法 | | |
| | 交流沟通能力 | 能够很好地表达自己的观点，并善于倾听；可以和领导、同事、客户等实现有效沟通 | | |
| | 职场行为规范与职业道德 | 遵守基本的职场行为规范和商业伦理，养成良好的职业习惯，塑造优秀的职业人品格 | | |

# 课后提升

## S公司的管理困境

S公司是J市的一家民营高科技企业,由几位志同道合的伙伴于1994年合作创办。在公司成立之初资金并不宽裕的情况下,几位合伙人主动提出不领取工资直至公司赢利。在他们不计报酬、努力工作精神的感召下,公司的员工也时常义务加班。公司内部关系融洽、士气高涨。经过公司上下的共同努力,1996年该公司已发展为一家集开发、生产、经销于一体的中型高科技企业,在省内IT业界树立了一定的知名度。

1996年至1999年,公司处于高速发展阶段。公司经济效益连年大幅增长,员工待遇也随之不断改善,加之公司所处行业属于朝阳产业,员工普遍感觉在这样的公司有希望,同时公司还吸引了大批具有专业技术知识的年轻人加入。

然而,自2000年公司进入稳定期以来,随着经济效益增幅的减小,公司内部出现了安于现状、不思进取的现象,人心涣散的迹象十分严重,尤其是中层管理者的流失问题急需解决。中层管理者流动频繁,使公司的管理出现脱节现象,其他员工的士气大受影响,公司生产率明显下降,公司从此陷入恶性循环。最近,员工中开始流传一种说法:凡是从本公司跳槽的人都能在现职岗位上做得不错,待遇比在公司时好,工作强度也比本公司小,其他公司对处于同一层次的员工评估还不单纯以业绩为标准。另外,人员多流向国内的知名外企。

针对公司面临的以上问题,公司总经理感到非常棘手,准备请人力资源部经理为自己提些建议并共同商讨对策,使公司早日摆脱目前的困境。

**思考题:**如果你是该公司的人力资源部经理,你会如何看待该问题并提出建议呢?

# 项目五　企业行政管理

🔍 **教学目标**

知识目标
◆ 了解企业行政管理的工作职能以及工作范畴；
◆ 了解企业行政管理的各项工作流程和要求；
◆ 了解企业会议记录的编写要点；
◆ 了解企业文化建设要点。

能力目标
◆ 能够撰写企业各项规章制度；
◆ 能够组织开展企业各类会议，做好会议记录；
◆ 能够较好地进行企业印章的管理，文档资料的整理和归档，办公用品的采购和发放，来访人员的接待等；
◆ 能够做好企业的对外宣传，以及企业的文化建设。

素质目标
◆ 能够进行自主学习、独立思考、乐于创新，主动发现问题并解决问题；
◆ 具备较强的时间管理能力和信息处理能力，提升工作效率；
◆ 具有较好的职业素养、职业习惯。

## 课前自学

　　企业在创立之初，面临着纷繁复杂的各项事务，这就需要进行有效的管理，才能使各项工作有序开展，提高工作成效。其中行政管理是企业的中枢神经系统，是企业里综合性最强的一项管理，它是依据一定的法律、制度、原则和方法对内部开展职能性管理的总和。行政管理的主要任务是帮助企业的管理者依据管理程序，做出管理决策，完成企业的目标。企业的行政管理由行政部门组织实施，其工作范围主要涉及企业规章制度的制定与实施、企业会议管理、企业印章管理、企业文档资料管理、企业办公用品管理、企业来访接待、企业宣传工作以及企业文化建设工作等。

### 一、企业规章制度

　　企业的规章制度是指企业根据经营、管理需要制定并统一发布的具有强制约束力和规范格式的企业内部法定性文件。企业的规章制度对规范企业管理及员工的行为，实现企业的正常运营，促进企业的长远发展具有重大的作用。企业规章制度涉及面很广，不同的企业可依据自身经济活动特点和要求，制定本企业的规章制度。以制造企业为例，基本规章制度一般包括以下几类。

　　（1）行政管理制度：会议管理制度、办公用品管理制度、印章管理制度、文档资料管理制度等。

（2）人力资源管理制度：员工守则及行为规范、考勤制度、招聘制度、培训制度、奖惩制度、薪酬制度、绩效考核制度等。

（3）财务管理制度：现金管理制度、财务审批制度、出纳管理规范等。

（4）销售管理制度：合同签订制度、产品销售信息反馈制度等。

（5）采购、仓储、物流管理制度：采购管理制度、仓库管理制度、物流管理制度等。

（6）生产管理制度：车间管理制度、生产调度制度等。

（7）质量管理制度：质量信息管理、质量审核制度等。

（8）安全管理制度：防火安全制度、安全保卫制度等。

## 二、企业会议记录

### 1. 会议记录的基本概念

会议记录是有关会议情况的现场笔录，一般用于比较重要和正式的会议。会议记录有"记"与"录"之分。

（1）"记"有详记与略记之别。略记是记会议纲要和会议上的重要或主要言论。详记则要求记录的项目必须完备，记录的言论必须详细完整。

（2）"录"是借助笔录、录音和影像录制，最大限度地再现会议情景。

### 2. 会议记录的写作格式

会议记录的格式包括以下两部分。

（1）会议的组织情况，应包括会议的名称、时间、地点、出席人数、缺席人数、主持人、记录人等。

会议名称，由"开会单位+会议名称（或会议内容）+会议记录"三部分组成。如"××公司市场开发会议记录""××公司第一次股东大会会议记录"。

会议时间，写明会议的具体时间，如"会议时间：2019年1月21日上午9:00"。

会议地点，写明具体会议室。

会议出席人员及其职位。

会议缺席人员和缺席原因。

主持人，一般直书姓名，姓名前冠以职衔。

记录人，记录人应签名以示负责。

（2）会议的进行情况。

会议记录正文包括四项内容：主持人的开场白、大会主题报告、讨论发言、决议。

记录人要按照会议的进程或顺序记录会议进行情况，先写报告人和发言人的姓名，再记录其发言内容。

会议记录结尾可单列一行写"散会"，有些会议记录需由会议发言人和主持人当场审阅和签名，有些会议记录则在会后整理后再送发言人和主持人审阅和签名。

### 3. 会议记录的方法以及会议记录的重点

会议记录有详记和略记之分，记的内容应有所侧重。

（1）会议记录方法。

一是摘要式记录：只记录发言要点、结论、决议等内容。

二是详细记录（重要会议多采用详细记录）：按照会议进程记录，详细且完整地记录会上的发言、不同意见、争论和决议。

（2）会议记录的重点。

一是会议中心议题以及围绕中心议题展开的讨论。

二是会议争论的焦点及各方代表人物的主要见解。

三是权威人士或代表人物的言论。

四是会议开始时主持人的发言和结束前的总结性言论。

五是会议议定事项或议而未决的事项。

六是对会议产生较大影响的其他言论或活动。

## 三、企业印章

### 1. 企业印章的概念

企业印章是指企业刻制的以文字、图记表明主体同一性的公章、专用章，它是企业从事民事活动、行政活动的符号和标记。

### 2. 企业印章的作用

企业印章是企业身份和权力的证明。盖有企业印章的文件，是受法律保护的有效文件，同时意味着企业对文件的内容承担法律责任。企业印章是企业在经营管理活动中行使职权的重要凭证和工具。

### 3. 企业印章的种类

企业印章主要分为以下五种。

（1）公章。

公章在所有印章中效力最高，是法人权利的象征。除法律有特殊规定外（如发票专用章），均可以公章代表法人意志，对外签订合同及其他法律文件。公章主要用于公司对外签发的文件、公司与相关单位联合签发的文件、由公司出具的证明以及有关材料、公司章程、公司协议，员工的任免、聘用文件等。

（2）合同专用章。

企业签订对外投资、合资、合作协议以及各类经济合同时，须加盖合同专用章，由此承担相应的权利义务。公章可以代替合同专用章使用。

（3）财务专用章。

与法人章一起作为银行预留印鉴（银行开户时留存），通常用于办理单位会计核算和银行结算业务，比如办理转账支票、银行承兑汇票等银行结算业务等。

（4）发票专用章。

在领购或开具发票时加盖的印章，按照税务机关规定刻制，印章印模里含有其企业单位名称、发票专用章字样、税务登记号。

（5）法人章。

法人章与财务专用章统称为印鉴章，俗称私章。一般保管在公司的财务人员手中，用于签发支票、单位账户取现、买支票等。

## 四、企业办公用品

企业办公用品通常包括以下三类。

（1）低值易耗品：签字笔、圆珠笔、铅笔、胶水、胶带、大头针、图钉、复写纸、标签、便签、橡皮、夹子、修正液、笔记本、信封、垃圾袋、卫生纸、洗手液等价值较低的日常用品。

（2）低值耐用品：剪刀、订书机、直尺、文件夹、档案盒、档案袋、票夹、印台等使用期限较长、价值较低的物品。

（3）固定资产：计算机、打印机、投影仪、办公桌椅、空调、相机等价值较高的物品。

## 五、企业文化

### 1. 企业文化概念

企业文化是指企业在生产经营实践中逐步形成的，为全体员工所认同并遵守的，带有本组织特点的使命、愿景、价值观、精神和经营理念，以及这些理念在生产经营实践、管理制度、员工行为方式与企业对外形象中体现的总和。

### 2. 企业文化的要素

企业文化建设的内容主要包括物质层、行为层、制度层和精神层 4 个层次的文化建设。

（1）物质文化。

物质文化是产品和各种物质设施等构成的器物文化，是一种以物质形态加以表现的表层文化。

企业生产的产品和提供的服务是首要内容。企业的生产环境、企业建筑、企业广告、产品包装与设计等也构成企业物质文化的重要内容。

（2）行为文化。

行为文化是指员工在生产经营及学习娱乐活动中产生的活动文化，即企业经营、教育宣传、人际关系活动、文娱体育活动中产生的文化现象，包括企业行为的规范、企业人际关系的规范和公共关系的规范。

（3）制度文化。

制度文化主要包括企业领导体制、企业组织机构和企业管理制度三个方面。企业制度文化是企业为实现自身目标对员工的行为进行一定限制的文化，它具有共性和强有力的行为规范的要求。企业工艺操作流程、厂纪厂规、经济责任制、考核奖惩等都是企业制度文化的内容。

（4）核心文化。

核心文化是指企业生产经营过程中，受一定的社会文化背景、意识形态影响而长期形成的一种精神成果和文化观念，包括企业精神、企业经营哲学、企业道德、企业价值观念、企业风貌等内容，是企业意识形态的总和。

# 自学自测

## 一、选择题

1. 关于企业印章，以下说法错误的是（　　　）。
   A. 企业刻制的以文字、图记表明主体同一性的公章、专用章
   B. 企业从事民事活动、行政活动的符号和标记
   C. 企业在经营管理活动中行使职权的重要凭证和工具
   D. 盖有企业印章的文件，不需要承担法律责任

2. 办公用品分类中，以下属于低值易耗品的有（　　　）。
   A. 铅笔 　　　　　　　　　　　B. 计算机
   C. 打印机 　　　　　　　　　　D. 投影仪

3. 以下不属于企业物质文化的有（　　　）。
   A. 企业的生产环境 　　　　　　B. 企业建筑
   C. 产品包装与设计 　　　　　　D. 企业行为规范

4. 以下属于固定资产的有（　　　）。
   A. 订书机 　　　　　　　　　　B. 投影仪
   C. 剪刀 　　　　　　　　　　　D. 打印机

5. 企业文化建设的要素有（　　　）。
   A. 物质文化 　　　　　　　　　B. 行为文化
   C. 制度文化 　　　　　　　　　D. 核心文化

## 二、判断题

1. 企业的规章制度是指企业根据经营、管理需要制定并统一发布的具有强制约束力和规范格式的企业内部法定性文件，包括制度、办法、规定等。（　　　）

2. 会议记录是撰写会议纪要、简报的原始根据和重要素材。（　　　）

3. 公章在所有印章中效力最高，是法人权利的象征。（　　　）

4. 法人章无须由法定代表人本人签字或授权人签字，可根据实际业务需要直接使用。（　　　）

5. 企业价值观是企业文化的核心。（　　　）

## 三、简答题

1. 会议记录的重点一般包括哪些内容？

2. 企业印章的种类有哪些？

3. 企业的核心文化包括哪些？

# 课中实训

## 一、企业规章制度的建立

任务描述：

根据经营管理的需要制定具有强制约束力和规范格式的法定性文件，以此规范企业管理及员工的行为，实现企业的正常运营。

任务实施：

| 序号 | 实施步骤 | 实施内容 |
|---|---|---|
| 1 | 规章制度的调研 | |
| 2 | 规章制度的起草 | |
| 3 | 征求意见 | |
| 4 | 审核批准 | |
| 5 | 发文执行 | |

如果国家法律、组织机构、部门职能调整，或者相关业务调整，行政部可组织对相应的规章制度进行修订、完善或者废止。

## 二、企业各类会议的组织管理

任务描述：

会议是企业管理中常用的方式或手段，通过组织各种类型的会议可以布置任务、总结经验、讨论事项、分析问题、研究对策等，有效的会议能够集中集体智慧、快速解决问题、迅速推动工作。一般企业召开的会议主要有年度总结大会、半年总结会、月例会、周例会等，其余的会议大多都是专题会议。行政部负责企业大多数重要会议的管理工作。按时间顺序划分，可以将会议管理工作分为会前的准备工作、会中的服务工作、会后的收尾工作3个环节。

任务实施：

| 序号 | 实施步骤 | 实施内容 |
|---|---|---|
| 1 | 会前的准备工作 | |
| 2 | 会中的服务工作 | |
| 3 | 会后的收尾工作 | |

会议管理是行政人员工作中的一个重要组成部分，优化会议管理也是行政人员需要长期历练的一项本领，因此，行政人员在平时工作中要勤思考、多总结，不断提升自己的工作能力。

## 三、企业印章的管理

任务描述：

企业印章往往代表着企业的权力、承诺、信用或证明，因此要严格印章的使用和授权。

任务实施：

| 序号 | 实施步骤 | 实施内容 |
|---|---|---|
| 1 | 企业印章的刻制 | |
| 2 | 企业印章的保管 | |
| 3 | 企业印章的使用 | |
| 4 | 企业印章的停用 | |

## 四、企业文档资料的管理

任务描述：

企业的文档资料管理是将企业长期从事生产、经营、管理活动形成的具有一定保存价值的，且处于凌乱状态和需要进一步条理化的文件、资料进行分类、组合、排列与编目，达到系统化的目的。

任务实施：

| 序号 | 实施步骤 | 实施内容 |
|---|---|---|
| 1 | 文档资料的收集 | |
| 2 | 文档资料的整理 | |
| 3 | 文档资料的保管和借阅 | |
| 4 | 文件的销毁 | |

## 五、企业办公用品的管理

任务描述：

办公用品长期管理不善，会对企业的管理制度、运营成本等造成重大负面影响。因此加强办公用品管理，提高办公用品利用率、降低办公经费，是行政部门的一项重要管理工作。

任务实施：

| 序号 | 实施步骤 | 实施内容 |
|------|----------|----------|
| 1 | 办公用品的申请 | |
| 2 | 办公用品的采购 | |
| 3 | 办公用品的入库、保管 | |
| 4 | 办公用品的领用 | |
| 5 | 办公用品的维修、报废 | |

## 六、企业的来访接待

任务描述：

接待工作就是各种组织在公务活动中对来访者所进行的迎送、招待、洽谈、联系、咨询等辅助管理活动，是一个公司对内、对外交流的重要"窗口"。当今社会经济发展迅速，各公司之间的交流日益频繁，使得接待工作日益重要。因此要加强外来人员来访、接待管理水平，促进来访、接待工作的规范化，达到增进友谊、交流信息、促进合作，树立企业良好形象的目的。

任务实施：

| 序号 | 实施步骤 | 实施内容 |
|------|----------|----------|
| 1 | 认真细致地做好接待前准备 | |
| 2 | 热情周到地做好接待中服务 | |
| 3 | 及时全面地做好接待后总结 | |

### 📖 知识拓展

#### 如何做好企业的对外宣传工作

企业的对外宣传工作是展现企业生产管理经营业绩、文化建设、企业战略、制度创新等经营管理的各个环节的工作。将企业取得的成果通过各种宣传手段、方法和形式告知社会各界，从而塑造良好的企业形象，扩大企业影响力，弘扬企业文化，提高企业知名度。要做好企业的对外宣传工作，需要抓好以下四个环节。

**1. 统一宣传思路**

要做好企业的外部宣传工作，统一宣传思路是很重要的。

首先，要确定宣传目标。企业的外部宣传往往是以培养客户忠诚度、辅助市场营销以及提升企业形象为主要目标的。宣传前，一定要统一目标，避免宣传时主次不分、内容混乱。

其次，要加强培训沟通。学习培训主要通过外部交流、信息收集以及专业培训的方式，提升宣传人员的专业水平。同时加强沟通，以获得领导支持、部门配合以及广泛的员工参与度。

### 2. 优化宣传渠道

企业外部宣传渠道有很多种。传统的如报纸期刊、电视广播渠道；互联网宣传是现如今热门的宣传渠道，公众号、微博、视频、官方网站、社交媒体等，都对企业的对外宣传帮助很大。此外绿色宣传是新涌现的宣传渠道，比如节能减排、义务植树等，这种类型的宣传环保、低碳、健康，更符合潮流。还有慈善宣传、弱势群体爱心行动、国家灾难捐助计划、希望工程等，能树立企业的正面形象，提高知名度，同时增强员工的奉献精神、社会责任感和感恩意识。此外人员宣传也是可以借鉴的渠道，比如业务人员在推广过程中的宣传，市场人员组织客户参与体验活动时宣传企业文化和品牌，高层的公开演讲，领导在重大活动中的一言一行也对企业的宣传产生极大的影响。

### 3. 丰富宣传内涵

在设计企业对外宣传的内容时，要注重丰富企业内涵。首先，可以将企业的创业发展历史融入其中，折射出企业的发展观、价值观，使外部人员对企业有更深入的了解。其次，宣传内容要有创新，并且能够体现企业的正面价值，从而加大对企业品牌形象的宣传力度。最后，还可以对企业文化模式进行宣传，企业文化代表了企业的内涵，代表了企业对社会的贡献和价值，代表了企业的立足点和发展观等，有助于提升企业形象。

### 4. 完善宣传管控

做好宣传工作，完善宣传管控也是很重要的。首先对外宣传资料应该经过审批方可对外传播，这样可以避免一些法律风险、负面影响等。其次要做好费用控制，设计合理的预算方案，以较低的成本获得较好的效果。最后还要做好宣传活动控制。可对宣传效果进行评估，及时修改宣传计划、转换宣传方向，调整宣传预算等。

### 📖 知识拓展

## 如何做好企业文化建设

### 1. 对企业的背景进行调查与分析

要对企业的文化背景、经营背景进行深层次的调查、研究与分析。要了解企业的发展历程，熟悉企业的业务特点。把握企业现有的文化状况，为企业文化的梳理、提炼做好准备。

### 2. 梳理、提炼企业的核心理念

在对企业背景进行深入调查分析的基础上，用确切简明的语言文字，把肯定的企业价值观念表述出来，形成固定的理念体系。

### 3. 强化企业核心理念

总结、提炼出企业的核心理念以后，必须通过一系列的工作对其进行强化，使员工做到"入眼、入耳、入脑"。

（1）召开企业文化建设工作动员会。召开企业文化建设工作动员会，就是要让全体员工认同企业文化建设工作，营造一种人人参与的企业文化建设氛围。

（2）视觉识别（VI）系统执行操作。推出视觉识别系统，对外可以进一步传播企业的经营理念、服务理念，增强企业对客户的吸引力，提升企业的品牌形象；对内可以充分发挥企业文化的渗透作用，增强企业文化对员工的凝聚力，以文化推动企业业务的持续发展。

**4. 使全体员工认同消化核心理念**

（1）典型人物形象的树立、学习和推广。通过典型人物的事迹丰富企业精神文化的内涵，使员工在学习、认知企业文化时产生积极的、具体的联想，帮助员工更好地理解、消化企业的核心理念。

（2）开展企业文化与竞争力讨论，使员工加深对企业文化与企业竞争力关系的认识。员工只有理解了企业文化与企业竞争力之间的关系，并且认同企业文化，企业文化才能成为企业持续发展的动力。

**5. 企业文化的传播**

搞好企业文化建设工作，还需要传播企业文化，增强企业的影响力。

（1）编制《企业文化手册》，系统展示企业文化建设成果，增进公众的了解，提升企业形象。通过深入学习和宣传贯彻，进一步统一员工思想，规范员工行为，真正实现用文化管理企业，促进企业的持续、健康和协调发展。

（2）开展企业文化宣传活动。通过活动进一步增强企业员工的服务意识，使公众与企业之间建立起一种双向沟通和良性互动的关系。

**6. 完善企业文化建设**

企业领导者要依靠群众，积极推进企业文化建设，及时吸收社会文化和外来文化中的精华，剔除本企业文化中沉淀的消极成分，不断对现有文化进行提炼、升华，从而更好地适应企业变革与发展的需要。

企业文化建设的要点概括起来主要有3点：明确企业使命，构建企业愿景，注重核心价值观的形成。

（1）企业使命——企业文化理念体系的基础。

一个有效的使命告诉企业内部的员工和社会大众，除了赚钱以外，企业存在的价值和意义还有什么，它是一种崇高的原则性的精神目标，决定了企业的发展方向。

（2）企业愿景——为企业指明前进方向。

企业愿景是企业对未来发展目标的总体性的概括和认识，它回答了"我们想成为什么"这一问题。

（3）企业价值观——企业文化的核心。

企业价值观是企业全体成员在经营发展过程中所拥有的共同信念和判断是非的标准，它解决了"以什么凝聚人心"的问题。有什么样的企业价值观就有什么样的企业文化，同时也会有什么样的企业行为。

# 课程思政

中国打工"皇帝"唐骏的"守正出奇"之道

——不做重复他人的事情

作为微软（中国）公司终身荣誉总裁、新华都集团总裁兼CEO的唐骏，一直坚持着"做人简单、做事勤奋"的人生准则。他所谓的"正"，是指自己能做，大家也能做的事，对于这样的事，唐骏不会在上面发力求大业绩；他所谓的"奇"，就是指那些其他人包括领导做不到的事，只有他想得出来，并且做得出来。在微软，唐骏提出并实现了 Windows 多语言版本的新开发模式，这个"奇招"使其获得了微软管理层乃至比尔·盖茨的认可，并成功晋升。

　　而对于如何在工作的过程中找到行业的"奇"处，唐骏在接受媒体采访时说："首先，要沉到业务一线学习，比如，我到了盛大，要到最底层学习，与程序员讨论，去网吧了解市场。现在做地产，我到朋友的地产公司去了解，看看地产行业的基本结构是什么样的，它的运营成本、土地成本、建筑成本等是多少才有可能赚到钱，也要了解这个行业的猫腻、行业潜规则是什么。

　　"其次，是要放下架子，要喜欢所从事的行业。到了新的行业，CEO 要变成学生，一旦把架子放下来后，从零开始学，也没什么。当你投入后，一定要对它感兴趣，要喜欢这个行业，甚至要强迫自己喜欢这个行业。我有强烈的好奇心和挑战心，这种好奇心驱使我做一些别人不做的事情，驱使我不做重复的事情。"

　　唐骏的成功源于他优秀的职业素养——"守正出奇"，既要勤奋踏实地做好本职工作，又要善于观察，敢于创新。对于一个初创企业而言，所有的员工都应该学习这种"守正出奇"，不断提升自己的职业素养，为企业的发展壮大贡献自己的力量。这无疑是一件双赢的事情，既成就了企业，也成就了自我。

# 实训项目评价

技能评价表

| 分类 | 作品 | 评价指标 | 达标 | 未达标 |
|------|------|----------|------|--------|
| 文案写作 | 规章制度 | 能够根据企业需要，制定企业各项规章制度，并公开发布，使员工遵照执行 | | |
| | 会议记录 | 能够按照会议记录的撰写要求，详细完成每次会议的记录 | | |
| 实操展示 | 印章管理 | 能够完成印章的审批和记录 | | |
| | 办公用品管理 | 保证办公用品及时采购和发放 | | |
| | 文档资料整理 | 定期进行文档资料的收集、归档 | | |

素质评价表

| 分类 | 素质点 | 评价指标 | 达标 | 未达标 |
|------|--------|----------|------|--------|
| 自评 | 创新意识 | 善于思考，能够提出新想法、新建议和新策略 | | |
| | 团队协作精神 | 能够服从组织分工，和团队成员相互协作，共同完成任务 | | |
| | 自主学习能力 | 能够发现问题，并借助各种资源等自主学习更多解决问题的方法 | | |
| | 交流沟通能力 | 能够很好地表达自己的观点，并善于倾听；可以和领导、同事、客户等实现有效沟通 | | |
| | 职场行为规范与职业道德 | 遵守基本的职场行为规范和商业伦理，养成良好的职业习惯，塑造优秀的职业人品格 | | |
| 互评 | 创新意识 | 善于思考，能够提出新想法、新建议和新策略 | | |
| | 团队协作精神 | 能够服从组织分工，和团队成员协商合作，共同完成任务 | | |
| | 自主学习能力 | 能够发现问题，并借助各种资源等自主学习更多解决问题的方法 | | |
| | 交流沟通能力 | 能够很好地表达自己的观点，并善于倾听；可以和领导、同事、客户等实现有效沟通 | | |
| | 职场行为规范与职业道德 | 遵守基本的职场行为规范和商业伦理，养成良好的职业习惯，塑造优秀的职业人品格 | | |

# 课后提升

先换给谁

走进任何一家南方李锦记的分公司，都会发现，所有员工桌面上的计算机显示器全部都是液晶的。因为液晶显示器没有辐射，不伤眼睛，还能节省办公空间，提高工作效率，所以公司在 2003 年决定，把原来的普通显示器全部换成液晶显示器。由于当时液晶显示器还没有大规模上市，需要逐步买来更换，那么，先换给谁呢？

按照一般习惯，从上到下的顺序是总经理、管理层、一般员工，但是南方李锦记认为：优质的顾客来自优秀的员工，一切销售目标都是靠前线销售队伍完成的。南方李锦记的企业意识形态是一般习惯的反转，是一般员工、管理层、总经理。所以，第一批液晶显示器给了业务部输单组，这些最一线的同事需要一天到晚对着计算机工作，还经常加班加点；第二批更换显示器的是各地分公司，它们直接面对市场、消费者和业务伙伴；第三批更换显示器的才是总公司和其他各部门的员工。

**思考题：**根据企业文化理论，南方李锦记的做法反映出什么样的企业价值理念？

# 项目六　企业财务业务

## 🔍 教学目标

知识目标　◆　能根据公司的基本情况设计公司的会计制度，能根据公司的经营情况进行资金预算和资金筹集；

◆　掌握公司日常资金审批的流程；

◆　熟练运用审核凭证和报表的方法；

◆　能根据公司的基本情况，利用财务软件建账、设置公司的基础档案；

◆　能根据公司的经营情况利用财务软件进行日常业务处理和期末业务处理，每期编制资产负债表和利润表；

◆　掌握成本核算业务和流程；

◆　能根据公司的基本情况，启用日记账；

◆　掌握每期的银行收支业务和银行贷款的办理流程；

◆　掌握现金管理的办法和资金报表的编制方法和流程；

◆　掌握印章和档案管理的办法。

能力目标　◆　具备设计公司财务制度的能力；

◆　具备灵活运用财务软件的能力；

◆　具备统筹管理的能力、谈判的能力；

◆　具备基本的时间管理能力、分析问题和解决问题的能力，具备业务分工合作的能力；

◆　具备基本的写作能力。

素质目标　◆　能够自主学习、独立思考、乐于创新，积极主动解决工作中遇到的问题；

◆　具备基本的时间管理能力和信息处理能力，能够运用正确的方法和技巧掌握新知识、新技能；

◆　具有团队精神，善于交流沟通，能顺利完成不同岗位之间的分工协作；

◆　能恪尽职守，自觉遵守企业规章制度，增强职业意识，形成职业习惯；

◆　拥有创造价值、回报社会的责任感和服务国家、服务人民的理想抱负。

## 课前自学

财务部是企业的重要职能部门，受企业领导层的委托，行使企业财务会计工作全过程的管理权限，负责企业信息的收集、整理、分析、审核等重要工作，具体负责企业的资金运筹、资产管理、成本核算、成本控制与分析、财务预决算、财务核算、财务报表和纳税申报等工作。

## 一、财务部的工作职能

具体来说，财务部的主要职能如下。

（1）严格遵守国家财务制度和企业的规章制度，认真履行其工作职责。

（2）执行国家会计政策、税收政策和法规；制定和执行企业会计政策、纳税政策及财务管理制度。

（3）按照国家财务、税务等相关法律、法规要求，结合本企业行业特点，科学合理地组织财务活动，统一制定健全的财务管理和会计核算等相关制度。

（4）组织筹划和供应资金，管理各项财务收支和分配财务成果。

（5）监督检查企业的各项财务活动和财务计划的执行情况。

（6）按照企业财务制度，组织会计核算工作，实行会计监督。

（7）对各项收付款及费用支出的各种凭证、报销单的合理合法性进行审核，避免发生不合理、非法经济行为，为企业理财把好关。

（8）编写并及时报送企业财务分析报告，如实反映企业财务状况，努力降低成本、增收节支、提高效益。

（9）对各种会计资料进行整理归档，妥善管理，及时为领导决策提供准确的财务信息，提出对经营管理的合理建议。

（10）配合税务机关，按时办理纳税申报，依法缴纳税款。

## 二、企业部分会计政策及核算要求

### 1. 货币资金的要求

设置现金、银行存款日记账，有关现金等收付业务由会计填制记账凭证，出纳根据审核无误的记账凭证进行现金收付和序时登记现金日记账、银行存款日记账，并按照要求每日终了结出余额。期末按规定与总账会计核对，并与银行对账，若银行存款日记账余额与银行对账单不符，需要编制银行存款余额调节表进行调节。

### 2. 借款的要求

短期借款和长期借款的年利率、借款期限和还款期限等均按照模拟银行的实际要求来执行。业务核算中，短期借款每月末计算利息，到期还本付息；长期借款每年末计提利息（单利），到期还本付息。

### 3. 存货按照实际成本计价

存货核算按照实际成本计价，原材料采用实际成本计价，材料的采购按照进价的 13% 抵扣增值税，并按照实际采购价格入账，发出材料按照加权平均法进行计算。

加权平均法亦称全月一次加权平均法，是指以当月全部进货成本加上月初存货成本作为权数，去除当月全部进货数量加上月初存货数量，计算出存货的加权平均单位成本，以此为基础计算当月发出存货的成本和期末存货的成本的一种方法。

### 4. 职工薪酬的要求

每月月末按照工资结算表分配工资，生产产品由职工共同发生的工资按照各产品实际生产工时进行分配，分配后按照人事处核定的基数的一定比例来计提企业上交的五险一金。

根据企业具体产品设置单位定额工时。例如：生产 L 型产品需工时 4 小时，生产 D 型产品需工时 6 小时，生产 H 型产品需工时 10 小时，生产 O 型产品需工时 12 小时，生产 S 型产品需工时 14 小时。

五险一金缴费基数及其比例各地区操作细则不一样，企业参照当地有关规定执行。

### 5. 固定资产折旧要求

固定资产均采用平均年限法进行计提折旧。固定资产购买当月不计提折旧，从次月开始计提折旧，固定资产减少当月照提折旧（平均年限法为原值与残值的差额再除以折旧总月份数）。

### 6. 无形资产、长期待摊费用的摊销方法

无形资产、长期待摊费用的摊销均采用直线法在每月末进行摊销。

### 7. 制造费用的分配

制造费用的分配均采用生产工时比例分配法，对具体产品制定单位定额工时。

生产工时比例分配法：

$$费用分配率=\frac{待分配的费用总额}{各种产品实际生产工时之和}$$

某种产品应分配的费用=该产品实际生产工时×费用分配率

### 8. 产品销售成本核算方法

产品销售平时只登记库存商品明细账数量，销售成本待月末计算出完工产品成本后，采用全月一次加权平均法进行计算和结转。

### 9. 产品成本计算方法和设置项目

企业采用品种法作为产品成本计算的方法，品种法是以产品品种为成本计算对象，归集生产费用、计算产品成本的一种方法。

成本项目均按照"直接材料""直接人工""制造费用"设置。

### 10. 税费相关规定

按照国家税法规定，企业经营环节主要缴纳增值税及附加税，次月 15 日内申报纳税。

企业所得税按年计算，分月（或季）预缴，年终汇算清缴，多退少补。企业应当自年度终了之日起五个月内，向税务机关报送年度企业所得税纳税申报表，并汇算清缴，结清应缴应退税款。

企业根据发生的经济业务计算本月度应交的各项税费，并编制纳税申报表及相关报表。

### 11. 利润分配的要求

损益类账户每月末进行结转，有关收入、费用的结转采用账结法；每年末进行利润分配，年终按照本年实现净利润的 10% 提取法定盈余公积金；再将本年可供向投资者分配利润的 20% 分配给投资者，并按约定在次年 3 个月内支付。

### 12. 报表的编制

按月编制资产负债表和利润表，对报表所反映的资料进行财务分析并按照要求撰写财务分析报告。

# 自学自测

## 一、选择题

1. 下列资产负债表项目中，不能直接根据总账账户金额填列的是（　　　）。

   A. 短期借款　　　B. 应收股利　　　　C. 累计折旧　　　　D. 未分配利润

2. 下列各项中，应列入利润表"税金及附加"项目的是（　　　）。

   A. 进口原材料应交的关税　　　　　　B. 购进生产设备应交的增值税

   C. 采购原材料应交的增值税　　　　　D. 销售自产应税化妆品应交的消费税

3. 某企业适用的城市维护建设税税率为 7%，2019 年 8 月该企业应缴纳增值税 200 万元、土地增值税 3 万元、消费税 5 万元、资源税 2 万元，8 月该企业应记入"应交税费——应交城市维护建设税"科目的金额为（　　　）万元。

   A. 14.84　　　　B. 14.35　　　　C. 14.7　　　　D. 12

4. 下列各项不属于产品成本项目的是（　　　）。

   A. 直接材料　　　B. 直接人工　　　　C. 期间费用　　　　D. 制造费用

5. 企业与银行对账的方法是（　　　）。

   A. 实地盘点法　　　　　　　　　　　B. 观察法

   C. 一方验证法　　　　　　　　　　　D. 余额调节法和差额调节法

## 二、判断题

1. 企业发生坏账时所做的冲销应收账款的会计分录，会使资产及所有者权益同时减少相同数额。（　　　）

2. 记入"税金及附加"账户的有增值税、城市维护建设税、教育费附加。（　　　）

3. 企业缴纳的印花税一般直接通过"管理费用"账户核算。（　　　）

4. 季节性生产企业的"制造费用"账户，月末可能有余额。（　　　）

5. 银行汇票存款、银行本票存款、转账支票都在"其他货币资金"账户中核算。（　　　）

## 三、简答题

1. 什么是商业汇票？商业结算有哪些特点？

2. 简述品种法计算成本的程序。

3. 简述应收账款、应收票据及其他应收款三者使用上的异同。

4. 简述财务会计报告的定义及其作用。

5. 开具转账支票的办理流程有哪些步骤？

# 课中实训

## 一、会计制度设计

**任务描述：**

《会计法》是国家统一实行的会计法律。国家统一的会计制度由国务院财政部门依据《会计法》制定并公布。

企业会计制度设计是以会计法律法规、会计准则为依据，根据系统控制的理论、方法，结合主体实际需要，运用文字、图表等形式对会计机构和会计人员的职责、会计事务、会计处理程序进行系统规划的工作。

**任务实施：**

扫一扫

会计制度设计流程图及补充资料

| 序号 | | 实施步骤和说明 | 实施内容 |
|---|---|---|---|
| 1 | 准备阶段 | 收集相关资料，开展调查研究 | |
| 2 | 设计阶段 | 总则 | |
| | | 会计机构和会计人员 | |
| | | 会计科目和使用说明 | |
| | | 会计凭证、会计账簿和会计报表的格式与应用 | |
| | | 会计核算要求 | |
| | | 会计处理程序手续 | |
| | | 成本计算规程 | |
| | | 电算化会计制度 | |
| | | 内部稽核制度 | |
| | | 会计监督制度 | |
| | | 附则 | |
| 3 | 完善阶段 | 经过一段时间的试行，应对试行的会计制度进行跟踪检查，寻找制度设计瑕疵或制度设计缺陷并及时予以修正、补充，从而使设计的会计制度更加完善 | |

## 二、成本预算与核算

### 1. 成本预算

**任务描述：**

做好成本预算需要有清晰的成本预算流程，总体流程如下：企业应组织财务部、生产部、采购部和销售部等部门进行会谈，依据销售部预测的销售量，结合产品库存提出生产任务，编制生产计划；再根据企业物料清单，分析每种产品生产时需要的原材料种类以及数量，分析生产工人工资对产品成本构成的影响，分析企业为生产产品和提供劳务而发生的各项间接费用，编制生产成本计划表以及料工费预算表；最后根据预算的结果编制产品成本计划表。

任务实施：

| 序号 | 实施步骤 | 实施内容 |
|---|---|---|
| 1 | 编制月度生产计划 | |
| 2 | 编制直接材料预算表 | |
| 3 | 编制直接人工预算表和分配表 | |
| 4 | 编制制造费用预算表和分配表 | |
| 5 | 编制产品成本计划表 | |

### 2. 成本核算

任务描述：

根据原始凭证及其他有关资料编制材料、工资费用分配表；根据原始凭证及耗用材料、工资等费用分配表登记有关明细账；编制辅助生产费用分配表；根据辅助生产费用分配表登记有关明细账；根据原始凭证进行折旧费用核算，编制制造费用分配表；根据制造费用分配表登记有关明细账；将完工产品成本转入产成品明细账；将已销售产品成本转入产品销售成本明细账。

扫一扫

成本核算说明与样表

任务实施：

| 序号 | 实施步骤 | 实施内容 |
|---|---|---|
| 1 | 材料成本核算 | |
| 2 | 薪资核算 | |
| 3 | 辅助生产费用核算 | |
| 4 | 折旧费用核算 | |
| 5 | 制造费用核算 | |
| 6 | 产品成本核算 | |
| 7 | 产品销售成本核算 | |

## 三、资金预算

任务描述：

各业务部门在上一月度结束前提出下一月度业务开展所需资金的计划，填制部门资金需求（或来源）计划表提交财务部门；财务部门汇总后由财务负责人召集召开企业高层会议（部门经理以上人员参加），讨论后填制下月度的资金计划表。

扫一扫

成本预算流程图及样表

扫一扫

资金预算流程图及样表

任务实施：

| 序号 | 实施步骤 | 实施内容 |
|---|---|---|
| 1 | 各业务部门填制资金需求计划表，提交财务部门 | |
| 2 | 财务负责人填制下月度的资金计划表 | |

## 四、建立账套和初始设置

任务描述：

初创企业成立后会选择相应的财务软件进行建账和初始设置工作，不同的财务软件界面和功能有所区别，但基本原理相同，初创企业根据具体业务进行设置即可。

建立账套。涉及以下内容。①账套和单位信息：一般包括单位名称，启用账套的具体时间（一经设置不能改变）；单位的具体地址、联系电话、法定代表人、税号等基本信息。②核算类型：包括运用的本位币、企业类型和行业信息。③基础信息：是否对存货、客户、供应商等分类，有无外币。④编码方案：包括会计科目编码方案，客户、存货、供应商、部门等需要设置的编码方案。⑤系统启用：根据需要启用总账、固定资产、薪酬等模块。

基础档案和系统初始化设置涉及以下内容。①部门和人员档案：根据公司人力资源部提供的信息设置。②客商信息：根据公司的具体业务设置。③设置和修改会计科目：根据公司的行业信息设置和修改对应的科目。④收付结算设置：设置如现金、支票、电汇等结算方式。⑤凭证类别：选择通用记账凭证或专用凭证，注意限制条件。设置完成后录入期初余额并进行试算平衡。

任务实施：

| 序号 | 实施步骤 | 实施内容 |
|---|---|---|
| 1 | 建立账套 | |
| 2 | 基础档案和系统初始化设置 | |

## 五、付款审核

任务描述：

从企业管理和企业运营方面来理解，企业应对各项付款活动进行监督，付款审核正是付款活动中的一个环节。

付款审核是企业内部监督的重要手段，是对某项付款业务的一种过程监督而非时点监督，合理高效的付款审核流程结合企业的财务审批授权制度能有效防范企业资金使用风险和经营舞弊行为，也能减少企业的涉税风险。

任务实施：

| 序号 | 实施步骤 | 实施内容 |
|---|---|---|
| 1 | 列举企业可能的付款项目 | |
| 2 | 对付款项目进行归集分类 | |
| 3 | 拟定付款审核流程 | |
| 4 | 付款审核流程的会签 | |
| 5 | 确定付款审核的最终签字人 | |
| 6 | 确定最终的付款审核流程 | |
| 7 | 付款审核流程的公布实施 | |

## 六、仓储管理

任务描述：

企业内各类物资是否正常流转及在流转过程中是否安全是非常重要的，仓储管理正是解决这一问题的重要手段。

仓储管理不仅是对业务部门提供的各类单据的监督，更是对单据背后的实物的安全性的监督，简单讲，就是通过业务流去监督实物流，从而保证资金流的安全。

仓储管理不仅是对外购配件进行管理，而且是对企业账面上所有能为企业带来收益或损失（呆滞积压处理损失）的经营物资的管理。

仓储管理的工具多种多样，如 ERP、SAP 等，不仅能减少管理的人力成本，还能提高企业的运转效率和财务核算准确率。

任务实施：

| 序号 | 实施步骤 | 实施内容 |
|---|---|---|
| 1 | 列举企业可能的仓储管理物资明细 | |
| 2 | 列举企业可能的仓储管理模式 | |
| 3 | 列举企业可能的实物物资流转路径 | |
| 4 | 根据实物物资流转路径制定单据流 | |

续表

| 序号 | 实施步骤 | 实施内容 |
|---|---|---|
| 5 | 根据业务流和单据流选择合适的仓储管理软件 | |
| 6 | 拟定仓储管理制度或流程 | |
| 7 | 完善仓储管理制度或流程 | |
| 8 | 仓储管理制度的会签 | |
| 9 | 仓储管理制度的实施 | |

## 七、费用报销

任务描述：

费用是企业的成本，是利润的负能量，是企业资金的流出。

费用报销涵盖除了生产资料、无形资产、税费、人员薪资外的所有费用开支，包括差旅费、业务招待费、办公费、低值易耗品及备品备件费用、培训费等。

控制费用能增加企业利润，减少资金流出。在企业经营过程中，有的费用（如电费）是当期必须支出的，有的费用（如招待费、培训费）可延后支出或减少支出或不支出。

任务实施：

| 序号 | 实施步骤 | 实施内容 |
|---|---|---|
| 1 | 列举企业可能的费用项目 | |
| 2 | 对费用项目进行归类 | |
| 3 | 编制费用报销单 | |
| 4 | 拟定费用报销流程 | |
| 5 | 费用报销流程的会签 | |
| 6 | 费用报销流程的公布实施 | |

## 八、支票管理

任务描述：

支票是以银行为付款人的即期汇票，可以看作汇票的特例。支票出票人签发的支票金额，不得超出其在付款人处的存款金额。如果存款低于支票金额，银行将拒付给持票人。这种支票称为空头支票，出票人要负法律责任。

开立支票存款账户和领用支票，必须有可靠的资信，并存入一定的资金。支票可分为现金支票和转账支票。支票一经背书即可流通转让，具有通货作用，成为替代货币发挥流通手段和支付手段职能的信用流通工具。运用支票进行货币结算，可以减少现金的流通量，节约货币流通费用。

任务实施：

| 序号 | 实施步骤 | 实施内容 |
|---|---|---|
| 1 | 了解支票的基本情况 | |
| 2 | 列举企业可能使用支票的业务项目 | |
| 3 | 对使用支票的项目进行归类 | |
| 4 | 拟定支票管理制度 | |
| 5 | 支票管理制度的会签、公布及实施 | |
| 6 | 支票的办理 | |
| 7 | 支票的保管及使用 | |
| 8 | 支票报表的管理 | |

## 九、银行收付款业务

任务描述：

公司日常经济业务活动中，除了按国家现金管理规定可以使用现金的业务活动外，都必须通过银行办理转账结算，其中每一笔收入和支出都要按银行结算办法中有关规定办理银行结算手续。

任务实施：

| 序号 | 实施步骤 | 实施内容 |
|---|---|---|
| 1 | 了解银行收款、付款的相关基本知识 | |
| 2 | 列举企业可能通过银行进行收款或付款的业务项目并进行分类 | |
| 3 | 制定银行收付款业务管理制度 | |
| 4 | 银行账户的开立 | |
| 5 | 银行收款、付款业务 | |
| 6 | 银行资金的保管及增值 | |
| 7 | 编制银行报表 | |

## 十、资金报表

任务描述：

资金是企业的血液，资金报表反映了企业是否健康。

资金报表包括：资金日报表、现金盘点表、银行存款余额调节表、银行贷款授信情况表等。

资金日报表的货币资金总额=资产负债表的"货币资金"=现金盘点表+（调整未达账项后）所有银行存款总额。

资金报表依据现金流水账（或现金日记账）、银行流水账（或银行日记账）及各类原始资料进行编制。

任务实施：

| 序号 | 实施步骤 | 实施内容 |
|---|---|---|
| 1 | 了解资金报表的相关知识 | |
| 2 | 明确资金报表的种类 | |
| 3 | 制定资金报表管理制度 | |
| 4 | 编制资金报表 | |
| 5 | 报送资金报表 | |

## 十一、审核凭证和报表

### 1. 审核凭证

任务描述：

会计凭证是会计信息的载体之一，会计核算工作程序主要包括"凭证—账簿—报表"三个步骤，会计凭证则是其中的起点和基础，是会计核算的重要依据。填制和审核会计凭证是会计核算的一种专门方法，也是整个会计工作的基础。

任务实施：

| 序号 | 实施步骤 | 实施内容 |
|---|---|---|
| 1 | 审核原始凭证 | |
| 2 | 出纳审核现金和银行收付款凭证 | |
| 3 | 财务负责人审核记账凭证 | |

### 2. 审核报表

任务描述：

财务负责人应对会计编制的会计报表进行审核。

第一，主要从以下方面审核。

（1）报表名称是否符合规定。

（2）整套报表是否齐全、应该填列的每个项目是否齐全。

（3）每张报表内是否有不符合规定的会计科目。特殊的会计科目是否应该存在，或填列是否正确、合理。

第二，审核无误后，由编制人、财务负责人、总经理签字及盖章。

任务实施：

| 审核报表 | 报表项目是否齐全 | 数据是否正确 | 资产=负债+所有者权益 |
|---|---|---|---|
| 资产负债表 | | | |
| 利润表 | | | — |

## 十二、期末会计处理

任务描述：

充分利用财务软件的自动结转功能，可以提高账务处理的效率。根据自动结转功能，完成对应实训内容。完成期末业务处理后再进行对账和结账。

任务实施：

| 序号 | 实施步骤 | 实施内容及说明 | 转账设置 | 转账生成会计分录 |
|---|---|---|---|---|
| 1 | 期末业务自动设置 | 结转本月未交增值税 | | |
| | | 结转附加税 | | |
| | | 结转本月损益类账户 | | |
| | | 计提所得税费用 | | |
| | | 结转所得税费用 | | |
| 2 | 审核凭证并记账 | 相关人员审核并记账 | — | — |
| 3 | 对账 | 对账簿和账户所记录的有关数据加以检查和核对 | | |
| 4 | 结账 | 在财务软件中，当有多个子系统和总账系统时，结账的顺序为先进行子系统的结账，再进行总账结账 | | |

## 十三、会计报表编制

### 1. 财务报表编制

任务描述：

（1）使用财务软件中的报表模版生成相关报表。

（2）利用账簿与报表之间的关系，检查每个项目的正确性。

利用报表模版生成对应时期的资产负债表和利润表（以用友 U8 为例）。

① 在 UFO 报表系统中，打开"文件"下的"新建"命令，新建一个空白的文档。

② 在格式状态下，选择"报表模版"，所在行业为"2007 年新会计制度科目"，财务报表选择"资产负债表"（或"利润表"）。

③ 检查每个项目的正确性。

任务实施：

| 序号 | 实施步骤 | 实施内容 |
|------|----------|----------|
| 1 | 编制资产负债表 | |
| 2 | 编制利润表 | |

### 2. 成本费用报表编制

任务描述：

成本费用报表主要用于企业管理，不同企业的管理要求和管理水平不尽相同，因此成本费用报表种类没有统一的规范，企业可以灵活决定。成本费用报表一般包括费用明细表、商品产品成本表。

根据基本生产车间产品成本计划表查找本月度某产品的计划数，查询生产成本明细账的本月度某产品的实际数和本年累计实际数，编制主要产品单位成本表。编制完成由财务负责人进行审核。

根据基本生产车间制造费用预算表填入本月度计划数，查找制造费用明细账的上月度实际数、本月度实际数和本年累计实际数，编制制造费用明细表。编制完成由财务负责人进行审核。

扫一扫

成本费用报表编制
流程图及样表

任务实施：

| 序号 | 实施步骤 | 实施内容 |
|------|----------|----------|
| 1 | 编制主要产品单位成本表 | |
| 2 | 编制制造费用明细表 | |

### 3. 成本费用报表分析

任务描述：

根据编制的主要产品单位成本表和制造费用明细表，结合成本预算数据以及相对应的成本费用数据，分析实际与上月度和实际与计划的相对数和绝对数，并撰写分析结论，再由财务负责人审核签字。

任务实施：

| 序号 | 实施步骤 | 实施内容 |
|------|----------|----------|
| 1 | 主要产品单位成本对比分析表 | |
| 2 | 制造费用预算执行情况分析表 | |

## 十四、财务分析

任务描述：

财务分析是根据财务报表及其他相关资料，采用专门方法，对企业财务状况、经营成果以及未来发展趋势进行系统分析和评价的过程。通过财务分析可以全面反映企业运营中的利弊得失和发展趋势，为财务报表使用者改进企业财务管理工作、优化经济决策提供重要的财务信息。

扫一扫

财务分析报告
范文格式

任务实施：

| 序号 | 实施步骤 | 实施内容 |
|------|----------|----------|
| 1 | 明确财务分析目的，制定财务分析方案 | |
| 2 | 收集财务分析信息，掌握财务分析资料 | |
| 3 | 整理财务分析资料，选择适当分析方法 | |
| 4 | 把握财务分析原则，得出财务分析结论 | |
| 5 | 评价财务分析结论，撰写财务分析报告 | |

### 知识拓展

#### 审核经济合同

为加强和统一对经济合同的管理，实行经济合同审批制度。凡对外签订经济合同，需由财务部参与评审，并加盖"合同专用章"或"企业公章"和"法定代表人名章"，财务部留存一份双方已盖章确认的原件。

首先，经济合同由销售或采购总监负责前期谈判和合同条款的拟定。其次，销售或采购总监将拟定好的合同条款，交财务负责人复核。再次，财务负责人复核后签署意见，交总经理审核。最后，销售或采购总监负责落实合同对方单位盖章事宜，双方盖章生效后，财务部留一份原件存档。

#### 印章和档案管理

**1. 印章管理**

企业财务印章包括：财务专用章和法定代表人名章、财务人员个人名章、发票专用章。

财务专用章、发票专用章由财务负责人保管，法定代表人名章由法定代表人保管，法定代表人也可以授权由出纳保管。

**2. 档案管理**

按照《会计基础工作规范》的要求，应当定期对会计档案进行整理装订。

会计档案是指会计凭证、会计账簿和财务报告等会计核算专业材料，是记录和反映单位经济业务的重要史料和证据。

扫一扫

印章和档案管理的
基本规定

# 课程思政

## "安然"高塔倒塌对会计人的启发

安然公司成立于 1930 年，总部设在美国休斯敦，曾是一家位于美国得克萨斯州休斯敦市的能源类公司。1985 年 7 月，美国休斯敦天然气公司与奥马哈的安然天然气公司合并，成立了后来的安然石油天然气公司。15 年后，该公司成为美国，一度也是全球的头号能源交易商，其市值曾高达 700 亿美元，年收入达 1 000 亿美元。2000 年 12 月 28 日，安然公司的股票价格达到 84.87 美元。2001 年年初，其连续 4 年被《财富》杂志评为美国"最具创新精神的公司"。

2001 年 10 月 16 日，安然公司公布其第三季度亏损 6.38 亿美元；11 月，安然公司向美国证券交易委员会承认，自 1997 年以来，共虚报利润 5.86 亿美元；当月 29 日，安然公司的股价在一天之内猛跌超过 75%，创下纽约股票交易所和纳斯达克市场有史以来的单日下跌之最；次日，安然公司的股价暴跌至 0.26 美元，成为名副其实的"垃圾股"。两天后，即 12 月 2 日，安然公司向纽约破产法院申请破产保护，其申请文件中开列的资产总额为 468 亿美元。安然公司又创造了两个"之最"——美国（或许是世界）有史以来最大宗的破产申请记录及最快的破产速度。

安然公司的主要问题在于其通过创立数百个特殊目的实体并进行重大且复杂的交易做出激进的会计决策，将大量的负债转移到资产负债表外。这些特殊目的实体不仅用于筹集资金，还用来容纳它的不良资产，安然通过用非常高的价格把资产卖给特殊目的实体，为公司创造了巨额"账面"利润。这种错综复杂的关联方交易用非法的手段误导了投资者。同时，当时世界五大会计师事务所之一的安达信又为其保驾护航，对安然的财务报表出具无保留审计意见。

安然公司倒闭了，对会计人有怎样的启发？

会计人员应该恪守职业道德，保持职业尊严。从会计的角度看安然事件，其涉及的主要不是会计标准和会计人员的专业水平问题，而是如何坚守职业道德的问题。会计行业应该建立、健全行业自律组织，制定行业自律规范并确保有效实施。不论是公司财务会计人员，还是社会审计人员都应坚守职业道德底线，保持职业尊严，做高尚的会计人，坚守"爱岗敬业、诚实守信、廉洁自律"等会计职业道德。会计没有了诚实也就没有了尊严，失去了道德的底线，就会变得贪得无厌。总之，做人与做事，做人应在先。

# 实训项目评价

## 技能评价表

| 分类 | 作品 | 评价指标 | 优 | 良 | 中 | 差 |
|---|---|---|---|---|---|---|
| 文案写作 | 会计制度 | 设计的内容和理由符合本公司的基本特点，格式规范，内容齐全 | | | | |
| | 财务分析报告 | 格式规范，内容齐全，有理有据，满足信息使用者的需要 | | | | |
| 实操展示 | 资金预算 | 预算内容符合公司资金使用情况，对未来的经营活动、筹资和投资活动所产生的资金流入和资金流出通过计划做出预期安排 | | | | |
| | 成本预算 | 各要素费用预算符合要求，成本预算结果符合实际 | | | | |
| | 业务核算 | 各项要素填制齐全规范，凭证装订整齐合规 | | | | |
| | 银行存款日记账 | 要素齐全，记账完整规范 | | | | |

## 素质评价表

| 分类 | 素质点 | 评价指标 | 达标 | 未达标 |
|---|---|---|---|---|
| 自评 | 创新意识 | 善于思考，能够提出新想法、新建议和新策略 | | |
| | 团队协作精神 | 能够服从组织分工，和团队成员相互协作，共同完成任务 | | |
| | 自主学习能力 | 能够发现问题，并借助各种资源自主学习更多解决问题的方法 | | |
| | 交流沟通能力 | 能够很好地表达自己的观点，并善于倾听；可以和领导、同事、客户等实现有效沟通 | | |
| | 职场行为规范与职业道德 | 遵守基本的职场行为规范和商业伦理，养成良好的职业习惯，塑造优秀的职业人品格 | | |
| 互评 | 创新意识 | 善于思考，能够提出新想法、新建议和新策略 | | |
| | 团队协作精神 | 能够服从组织分工，和团队成员协商合作，共同完成任务 | | |
| | 自主学习能力 | 能够发现问题，并借助各种资源自主学习更多解决问题的方法 | | |
| | 交流沟通能力 | 能够很好地表达自己的观点，并善于倾听；可以和领导、同事、客户等实现有效沟通 | | |
| | 职场行为规范与职业道德 | 遵守基本的职场行为规范和商业伦理，养成良好的职业习惯，塑造优秀的职业人品格 | | |

# 课后提升

### 虚设"长期借款"账户，虚增费用，逃避补税

会计师事务所在审核某企业"长期借款"明细账时，发现有上年 2 月从立创公司借入的 300 000 元长期借款（年利率 6%）挂账，并将按月计提的借款利息记入"财务费用"账户。至检查发现时止，已经累计计提 14 个月的长期借款利息 21 000 元，但未见支付利息的账务处理。审核人员联想起在审查该企业"其他应收款"明细账时，也有立创公司的一笔账项挂账，重新查阅"其他应收款"明细账，果然在立创公司账下有金额为 500 000 元的其他应收款，账龄已经 2 年多。为什么该公司的欠款未能收回，却又向立创公司取得长期借款？这不合乎情理，后经过深入查证，原来挂账的应收款实为向立创公司的一笔投资，而所谓的"长期借款"，竟然是上年由立创公司分回的投资收益！企业财会负责人承认，由于立创公司位于高新地区，企业所得税税率低于该企业所在地税率，为逃避补税，才出此下策。

**思考题：**该企业的处理是否合适？为什么？

# 项目七 企业采购管理

## 教学目标

知识目标
- ◆ 了解企业采购部门的工作职能；
- ◆ 熟悉企业采购的全流程；
- ◆ 熟悉编制企业采购计划与预算的影响因素、方法和原则；
- ◆ 掌握供应商管理和采购谈判的具体工作要求；
- ◆ 掌握管理采购品质和成本的具体工作要求；
- ◆ 掌握采购分析的基本思路。

能力目标
- ◆ 能制订科学的采购计划；
- ◆ 能有效管理采购过程；
- ◆ 具备采购谈判的能力；
- ◆ 具备分析采购数据的能力。

素质目标
- ◆ 能够自主学习、独立思考、乐于创新，主动发现问题并解决问题；
- ◆ 具备基本的时间管理能力和信息处理能力，能够运用正确的方法和技巧掌握新知识、新技能；
- ◆ 具有团队精神，善于交流沟通，能顺利完成不同岗位之间的分工协作；
- ◆ 能恪尽职守，热爱本职工作，增强职业意识，形成职业习惯；
- ◆ 拥有创造价值、回报社会的责任感和服务国家、服务人民的理想抱负。

# 课前自学

采购部是企业中负责生产物资采购的部门，按企业计划完成各类物资采购及准确、快速、安全送达任务。采购部维护良好的供应商关系，为均衡生产服务、为财务三项资金管理服务，在预算范围内尽可能做到节支降耗，保证各类物资保质保量低成本准时供应，帮助企业实现利益最大化。采购部主要负责采购计划与预算、供应商关系管理、采购谈判、采购品质管理、采购成本管理等工作。

## 一、采购计划与预算

适销对路是商品采购最本质的要求，具体体现在三个方面：一是适销，二是适量，三是适时。要做到适销、适量、适时采购，克服采购的盲目性，就要有采购计划和采购预算，使采购工作"有据可依"。

### 1. 编制采购计划与预算需要考虑的因素

编制采购计划与预算需要考虑的因素有：采购环境、年度生产计划和销售计划、物料需求清单、存量控制、物料标准成本、生产效率、采购预算与价格预期、供应商供货能力。例如，物料需求计划是一种编制采购计划与预算的方法，即利用主生产计划、物料清单、库存报表、已订购未交货订购单等相关资料，经正确计算得出各种物料的需求量，并据此制订采购计划，以管理新订购或修正已开出订购单的物料。综合考虑这些因素，可以有效地增加采购计划与预算的科学性。

### 2. 编制采购计划与预算的依据和原则

在生产企业中，采购计划与预算是根据生产计划编制的，依据是生产计划、用量清单和存量卡。在流通企业中，采购计划与预算是根据销售计划编制的，依据是经营利润、销售额、存货周转率等。企业在编制采购计划与预算时，一个重要的原则是"成本最小化，价值最大化"。

### 3. 编制采购计划与预算的流程

编制采购计划与预算的流程包括：采购需求分析、编制采购计划、编制采购预算。采购需求分析就是确定企业究竟需要什么、需要多少、什么时候需要等，需要结合市场行情、物料需求计划和库存情况确定。编制采购计划就是对未来采购的品种、数量、时间、方式等进行具体安排。编制采购预算是为了降低企业的经营风险与财务风险，促使部门合理安排有限资源，提高资源分配的效率，加快物资和资金周转、降低成本，实现企业可持续发展。

### 4. 编制采购计划与预算的工作要点

编制采购计划与预算时，要平衡采购计划与供应链经营。任何企业都不是孤立存在于市场中，而是存在于某个供应链中。采购处于企业内外部的接合点，一定要将采购计划制订上升到供应链经营的思想高度。采购部门通过计划和执行采购，对内管理需求，比如为设计的新产品寻找原料供应商，了解生产部门的量产需求等；对外管理供应商关系，比如选择供应商，对供应商进行绩效管理等。采购部门通过对内对外的管理理顺供应链，让供应链变得更加"健壮"，从而有效提升企业的竞争力。

## 二、供应商关系管理

世界上没有任何一家企业可以凭一己之力"包揽天下"，企业在服务客户的同时，也在被自己的供应商服务。任何有出色表现的企业，其背后一定有优质供应商默默地倾力付出，从而使企业与供应商之间形成了一种"唇齿相依"的关系，即企业为供应商提供市场，供应商则在供应链上游为企业提供生产与经营支持。

### 1. 供应商关系管理的流程

供应商关系管理的流程包括：搜集供应商信息、评估潜在供应商、评价供应商、选择供应商、对供应商进行持续的绩效考核、建立和完善供应商档案、发展和维护良好的供应商关系。搜集供应商信息的渠道有商品目录、行业期刊、企业名录、行业协会、中介机构、销售代表、互联网等。评估搜集到的潜在供应商时，可以结合技术与工程能力、制造与分销能力、财务状况、管理状况等进行粗选，再通过试订货的方式进一步评估是否确定合作关系。评价有合作意向的供应商时，企业可以通过构建供应商评估模型，从质量、成本、交货期、技术、响应和灵活性、管理和财务、可持续性、服务八个方面对供应商进行综合评估，最终选出要长期合作的供应商。另外，合作过程中，为了维护良好的采供关系，需要对供应商进行持续的绩效考核。对现有供应商的日常表现进行定期监督和考核，通过考核比较供应商，以便继续同优秀的供应商合作，淘汰绩效较差的供应商，确保供应的质量。

## 2. 经典的供应商分类模型

图 7-1 是一个经典的供应商分类模型，供应商关系应在分类的基础上分而治之。

图 7-1　经典的供应商分类模型

"一般型"供应商提供的物料往往不会直接构成产品必要的组成部分，采购方主要是简化采购，尽可能降低不必要的成本。

"杠杆型"供应商主要是采购金额大，但是供应风险小，因此在保证质量的前提下，价格越低越好。

"瓶颈型"供应商主要是采购金额小，但是对采购方造成的供应风险比较大，它们通常提供非标准件，产品同质化程度低，难以模仿。对于这类供应商，采购方主要是致力于降低供应风险，保障正常供应。

"战略型"供应商主要是采购金额大、供应风险也很大，它们通常提供战略型物资，对产品的质量、成本及交货保障均至关重要，为此，采购方不惜牺牲短期利益，少赚钱甚至不赚钱，也要与这类供应商长期合作。因此，对于"战略型"供应商，采购方致力于发展长期的伙伴关系。

## 3. 处理供应商关系的"八字方针"

处理供应商关系的"八字方针"可以概括为：分类、减少、开发、扶持。"分类"是基础，"减少"是针对"一般型"和"杠杆型"供应商而言的。对于"一般型"供应商，采购方重在系统合作，简化采购流程，减少交易活动，降低交易成本；对于"杠杆型"供应商则是进行集中采购、批量采购，实现规模效应，从而使杠杆作用最大化，最终降低采购价格。

"开发"是针对"瓶颈型"供应商而言的。采购方主要是"发展后备，寻找替代"，不断地寻求新材料、新货源、新技术，以及了解价格趋势，积累更多的备选供应商，从而有利于打破"瓶颈型"供应商的"垄断"，或者增加谈判筹码，从而降低供应风险。

"扶持"针对的是所有优质供应商，重点是"战略型"供应商，帮助供应商"从优秀到卓越"，致力于发展长期共赢的合作伙伴关系。

## 4. 采购方对待供应商的两种经典模式

"猎人模式"与"牧人模式"是采购方对待供应商的两种经典模式。"猎人模式"强调的是把供应商当成猎物，认为"优胜劣汰"是市场的"准则"，供应商被"淘汰"，只能怪供应商"竞争力弱"。好比打猎，猎人见到猎物就开枪，只顾眼前利益，至于猎物怎么繁衍成长，与自己无关。

"牧人模式"，强调采购方好比"牧羊人"，供应商好比"羊群"。牧羊人要生活，虽然需要挤奶、剪羊毛，但不会把羊全宰掉，还会想办法让羊成长起来，这样才能挤更多的奶、剪更多的羊毛。

采购方为了持续降低成本，更多的是与供应商协作，共同优化生产工艺和产品设计，帮助供应商提高生产经营水平，实现双赢。因此，采购方在处理与供应商的关系时，如果能抱着双赢的态度，适当关注对方的经营与发展状况，同时努力突破封闭性，在竞争与合作中寻找平衡点，就能彼此成就，共同成长。

## 三、采购谈判

采购谈判过程中，了解供应商的成本构成和报价方法，掌握一定的谈判技巧，采购人员能在价格方面获得一定的主动性，从而更好地实现对价格的控制，更好地达到谈判的预期目的。

### 1. 供应商的成本构成

供应商的成本一般包含六个部分：直接材料、直接人工、制造费用、财务费用、销售费用、管理费用。其中直接材料、直接人工和制造费用共同组成制造成本（销售成本），财务费用、销售费用和管理费用称为"销售及一般管理费用"。俗话说"万变不离其宗"，供应商形形色色的报价，一般都是基于这六个成本项目来报的，如表 7-1 所示。

表 7-1　不同行业的成本结构

| 行业 | 成本结构 |
| --- | --- |
| 制造业 | 制造成本（材料费+人工费+期间费用）+销售费用+一般管理费 |
| 销售业 | 采购成本（采购价格+运费+人工费）+销售费用+一般管理费 |
| 服务业 | 销售费用+一般管理费（人工费+期间费用） |

### 2. 供应商的报价方法

供应商报价的常见方法一般有四种：成本导向定价法（最常用、最基本的定价法，包括总成本加成定价法、边际成本定价法、目标收益定价法、盈亏平衡定价法）、竞争导向定价法、产品差别定价法、顾客导向定价法（市场导向定价法）。采购人员了解供应商报价的常见方法，就能在采购谈判中更具主动性。

### 3. 采购谈判的流程

采购谈判与价格控制的流程是：信息收集与分析、谈判布局、谈判进行、签订采购合同。谈判是一场信息战，采供双方各自掌握的信息影响着各自谈判的内容，因此谈判之前要尽可能多地收集与分析供应商的信息，同时尽可能少地暴露不利于自己谈判的信息。在收集了充分的信息之后，就可以进行谈判布局了。谈判布局主要考虑的因素有谈判议题、谈判参与者、谈判筹码、谈判环境等，目的是在谈判时掌握主动权。进入谈判环节后，要充分运用收集的信息和在谈判布局时考虑的应对方案，和对方来一场心理博弈。如果谈判结果双方都能接受，就会进入签订采购合同阶段，签订了采购合同，采供双方的合作就正式开始了。

### 4. 采购谈判的技巧

（1）谈判中价格控制的心理博弈。

谈判双方往往都会有一个心理价位，彼此都希望说服对方接受自己的心理价位，为此，双方就要想方设法证明自己心理价位的合理性。谈判的过程，往往也是谈判双方心理博弈的过程。一个有效的方法是，采购人员在与供应商谈判价格时，要把金额精确到小数点后若干位，以显示自己是经过一番"认真核算"的，要不怎会"有零有整"？采购人员切忌以整数金额与供应商"讨价还价"，还切忌等金额降价或升价，比如，每次都升或降 1 万元，会让对方觉得像"切香肠"，应该还可以再升或降。比较恰当的方式是，先大幅度降价或升价，然后不断减小幅度，让对方感觉自己已经到了能接受的"底线"，从而达到谈判目的。

（2）绕过价格看成本因素打破谈判僵局。

谈判中，如果卖家要价 1 万元，买家只想付 8 000 元，各不相让，如何协调？这时，我们可以把焦点适当偏离现有的价格，寻找其他可以协调的点。比如，运费谁出，不同规格的产品性能上有什么差别，是否还有再次交易的可能，是否可以帮自己做广告宣传，售后服务怎么样？在交易中，除了价格成本因素，双方还能找到其他成本因素，通过对这些因素进行协调与整合，往往可以找到彼此都能接受的方案，从而避免"霸王硬上弓"似的降价或僵持的谈判局面。

（3）采购谈判高手的"六脉神剑"。

①放松，不要着急有时一方没有达到预期目标，一个重要的原因就是觉得谈判时间太"长"而匆匆了事，这是谈判的大忌。②所提要求要高于预期目标。谈判高手一般都是"狮子大张口"，只有这样，才能有更大的谈判空间。③别显露出你很在乎，否则难以争取到更好的交易条款。④不要马上接受对方的条件。在谈判中有一个规则，那就是无论对方提出的起始条件有多好，你都不要接受，而是要争取更好的条件，即使最后争取不到，也要显得自己"无能为力""尽力而为"，最后"不得不"接受了对方给出的条件，要让对方有一种"赢"的感觉。⑤让自己有别的选择。"货比三家"，有利于采购人员在谈判中占据主动地位。⑥让步时要不甘愿。采购人员要传递给供应商很不甘愿让步的信号，这样，采购人员在做出一次让步后，供应商考虑到采购人员的感受，以及双方的合作，往往不便于再提出让采购人员让步的条件。当然，供应商的谈判人员往往也是久经沙场，采购人员一定不能让供应商一眼就看出破绽。因此，采购人员要想成为一个谈判高手，就要锻炼自己对情绪的控制能力。

## 四、采购品质管理

美国通用电气集团前 CEO 杰克·韦尔奇说："质量是维护顾客忠诚的最好保证。"企业产品质量的好坏，直接或间接地与采购环节的质量管理有关。想要从根本上保障产品质量，离不开对采购环节的品质管理。

### 1. 影响采购品质的因素

影响采购品质的因素有：采购人员的职业道德与规范，价格成本分析，总成本分析，谈判策略和技巧，供应商合作伙伴关系，供应商评估，质量改进与保证，采购策略与规划，采购流程优化，以及协调与合作技巧等。

### 2. 描述采购品质的原则

采购人员描述产品品质时应遵循的原则有：①通用性原则，即采购的产品要采用国际性或国内通用性的规格，符合标准化要求，减少产品质量问题；②标准公差原则，一般来说，产品实际的质量通常和预期会有些出入，对此，采购人员一定要严格限制质量出入的幅度，从而更好地控制品质；③适应性原则，采购人员确定的产品规格要适应本企业的设计与生产的实际需要。总的来说，采购人员要对采购对象做出确切的描述，让质量问题"有据可依"，签订相应的"质量保证协议"，从而增强采购品质与企业需求的匹配度。

### 3. 采购品质管理的工作要点

（1）规范采购品质管理的流程。

采购品质管理的流程可以从三个层面进行规范：制定采购管理制度、执行采购管理制度、采购产品品质验收。首先，采购管理制度中应明确工作原则、物资检验的依据和程序，以及物资检验结果处理的方式，从而规范采购流程，提升采购品质；其次，要严格执行采购管理制度，不能"上有政策，下有对策"；最后，必须加强采购商品验收环节的品质管控，验收人员如果发现不合格品，需要及时向供应商反馈，并采取退换货措施。"没有规矩，难成方圆"，企业要做好采购品质管理，离不开一套切实可行的管理制度。

（2）从源头上控制采购品质。

从源头上控制采购品质的具体措施有：①与供应商制订联合质量计划，从经济、技术、管理三个方面共同管理产品质量；②及时掌握供应商生产状况的变化，对于一些重大变化，应要求供应商向采购方报告；③向供应商派常驻代表，对供应商的产品品质进行全程、全面的检查和监督，以便及时从源头上发现问题、解决问题；④鼓励供应商进行质量体系认证、贯彻ISO质量标准，采用六西格玛管理等，有利于从供应商源头加强产品质量管理。

（3）持续对供应商进行绩效考核确保采购品质。

进行可以从质量指标、供应指标、经济指标以及支持、合作与服务指标四个方面对供应商进行持续的绩效考核。质量指标是考评供应商的最基本指标，包括来料批次合格率、来料抽检合格率、来料在线报废率以及来料免检率。供应指标是与供应商的交货表现以及供应商的管理水平相关的考核因素，其中最主要的是准时交货率、交货周期以及订单变化接受率等。经济指标是与价格、成本相联系的指标，往往是定性的，很难量化，如价格水平、报价行为、降低成本的态度及行动、分享降价的成果以及付款等。支持、合作与服务指标通常也是定性的指标，如反应与沟通、合作态度、参与本企业的改进与开发项目、售后服务等。

（4）实行"三位一体"的道德采购以确保采购品质。

道德采购主要是指采购人员在采购工作中要以企业利益为重，规范自身言行，提高自身业务素质，坚持高尚道德水准，依法执行采购工作。"三位一体"，主要回答了三个问题：如何选用采购人员？如何管理采购人员？如何预防采购人员出问题？我们在解决这三个问题时，主要采取以下三个相应的方法：选用采购人员时，务必重视采购人员的综合素质，尤其是任职资格；管理采购人员时，主要是根据采购人员绩效指标的完成情况，决定对采购人员的奖惩；在预防采购人员出问题上，要强化对采购人员的审计，必要时对采购人员进行岗位轮换。另外，为了有效地开展道德采购，企业还可以采取与采购人员签订道德采购协议，以及设置针对采购人员的投诉专线等措施，约束采购人员，引导其在工作中进行道德采购。

## 五、采购成本管理

采购成本是企业成本中的主体和核心部分，采购成本控制是企业（尤其是制造型企业）成本控制中最有价值的部分。据统计，企业若降低1%的采购成本，经各级放射效应后，会增加10%～20%的利润。

### 1. 采购成本的"三步分析法"

（1）分析产品的成本结构。

一般来说，产品的总成本中材料成本的比例往往很大，有效降低材料成本，就能降低总成本。可以采用批量采购降低材料价格，加大对材料的利用率减少材料用量，采用价格更低、功能相近、符合使用要求的新材料。

采购成本分析的价值分析法，就是为了在保持产品的性能、品质及可靠性的前提下，提高各种材料的通用化率，寻找性价比更高的替代性材料，运用技术手段减少生产环节产品的单位耗用量，消除无用成本，以最低成本获得产品必要的功能和品质。举例来说，一个汽车整车厂在采购配件螺丝时，铁螺丝和铜螺丝在满足企业该项特定需求方面的功能是一致的，铁螺丝的单位成本为 0.2 元，铜螺丝的单位成本为 0.3 元，两者相比，该汽车整车厂采用铁螺丝更有利于降低成本。

（2）分析产品的分解报价表。

控制采购成本，可以要求供应商提供尽量分析详细的分解报价表，将供应商提供的产品按固定费用及可变费用细项展开计算，逐项核定其合理性。

举例来说，一个饮料厂需要采购饮料瓶，找来三家供应商进行报价，第一家报价每个饮料瓶 0.29 元，第二家报价 0.31 元，第三家报价 0.28 元。饮料厂的目标价位是每个饮料瓶 0.27 元。那么，饮料厂如何选择，并将价格降到期望的 0.27 元呢？方法是，让这三家供应商提供分解报价表，即了解三家供应商报的价格具体可以分解为哪些费用，如瓶身、瓶盖、单位工时、折旧分摊以及销售费用、管理费用和财务费用等。一般来说，供应商对报价分解得越细，不同报价之间的差异点就会越多；差异点越多，采购人员在谈判时获得降价的机会就越多。这是因为，采购人员可以向多个认为不够"合理"的价格构成项目"进攻"，从而达到降价的目的。

（3）在整个采购流程中降低采购成本。

控制采购成本，不能只盯着合同上的采购价格不放，要在整个采购流程中降低采购成本。在采购活动中，采购成本主要由购入成本、订货成本、存储成本以及缺货成本构成。购入成本包括购买价格和运费，订货成本主要有请购手续费、差旅费、通信费、检验费以及进库成本等。存储成本主要包括资金成本、税金、保险、跌价损失以及储存成本。缺货成本主要包括延迟发货的信誉损失、丧失销售机会的成本以及失去顾客的成本。降低采购成本，并非简单地依靠降价，而是深入分析企业经营中的各个环节，提高采购的精准度，优化采购流程。降低采购成本，可以提高企业的利润率，还可以有效地降低成品的整体价格，从而为广大消费者提供物美价廉的商品，有助于增强企业的生命力。

### 2. 控制采购成本的具体方法

（1）采用 JIT 控制采购成本。

准时制（Just In Time，JIT）JIT 采购的思想是在恰当的时间、恰当的地点，以恰当的数量、恰当的质量提供恰当的商品。JIT 采购是为了消除库存和减少不必要的浪费而进行的持续改进，多批次、小批量供应是 JIT 采购最显著的特征。应用 JIT 采购的企业往往不存在物料的数量清点、质量检查、性能测试等工作，而是将物料直接送往生产线，实现企业与供应商之间的无缝衔接。JIT 采购要求企业与供应商建立良好的合作关系，并向供应商提供准确的需求。

（2）运用目标成本法控制采购成本。

目标成本是指企业在新产品开发设计过程中，为了实现目标利润而必须达到的成本目标值，即产品生命周期成本下的最大成本允许值。目标成本法的核心工作就是制定目标成本，并且不断改进产品与工序设计，最终使产品的设计成本小于或等于其目标成本。这一工作需要由包括营销、开发与设计、采购、工程、财务与会计，甚至供应商与顾客在内的设计小组或工作团队进行。

（3）引入 VMI 控制采购成本。

供应商管理库存（Vendor Managed Inventory，VMI）是一种在供应链环境下的库存管理模式，由供应商来管理库存并不断监督、不断改进。在这种模式下，供应商通过电子数据交换等信息技术与采购方共享信息，能够直接了解采购方的实际需求，自行安排补货，不会积压库存，降低供应链的整体成本，提高运营效率。在 VMI 模式下，由于堆放在采购方处的原料库存记在供应商的账上，供应商会主动了解采购方的生产计划，主动努力降低采购方的库存。

# 自学自测

## 一、选择题

1. 生产企业编制采购业务计划的依据是（　　）。
   A. 生产计划　　　　B. 销售计划　　　　C. 用量清单　　　　D. 存量卡

2. 处理供应商关系的"八字方针"是（　　）。
   A. 分类、减少、开发、扶持
   B. 分类、增加、开发、抑制
   C. 分类、减少、开发、抑制
   D. 分类、增加、开发、扶持

3. 供应商报价的常见方法有（　　）。
   A. 成本导向定价法
   B. 竞争导向定价法
   C. 产品差别定价法
   D. 顾客导向定价法

4. 影响采购品质的因素有（　　）。
   A. 采购人员的职业道德与规范
   B. 价格成本分析和总成本分析
   C. 谈判策略和技巧
   D. 供应商合作伙伴关系

5. 在采购活动中，采购人员需要在整个采购流程中降低采购成本。采购成本主要由____成本、____成本、____成本以及____成本构成。（　　）
   A. 购入；订货；存储；缺货
   B. 人工；订货；存储；缺货
   C. 原料；设备；存储；损耗
   D. 原料；订货；存储；损耗

## 二、判断题

1. 企业在编制采购计划和预算时，一个重要的原则是"成本最小化，利润最大化"。（　　）
2. 竞争导向定价法是供应商最常用、最基本的定价法。（　　）
3. "猎人模式"实质上是一种激励竞争模式，"牧人模式"实质上是一种合作共赢模式。（　　）
4. 为保证采购谈判顺利高效，谈判人员不要"狮子大张口"，只有诚意十足地谈判，才能尽快达成合作。（　　）
5. 采购成本指的是合同上的采购价格。（　　）

## 三、简答题

1. 编制采购计划与预算需要考虑哪些因素？

2. 供应商关系管理的流程是什么？

3. 采购谈判高手的"六脉神剑"是什么？

4. 何为"三位一体"的道德采购？

5. 举例说明如何运用成本结构分析法降低采购成本。

# 课中实训

## 一、制定采购计划与预算

任务描述：

进行市场调研，分析和预测物料市场的行情趋势，再结合公司的物料需求计划和库存情况，分析采购需求。在充分考虑编制采购计划与预算的影响因素的基础上，遵循编制采购计划与预算的依据和原则，编制物料采购计划与预算。

任务实施：

| 序号 | 实施步骤 | 实施内容 |
|---|---|---|
| 1 | 分析物料市场行情 | |
| 2 | 分析物料需求计划<br>（来自生产部） | |
| 3 | 核查物料库存情况<br>（来自仓储部） | |
| 4 | 编制物料采购计划 | |
| 5 | 编制物料采购预算 | |

## 二、选择供应商

任务描述：

通过各种渠道搜集供应商信息，对潜在的供应商进行初步评估后确定合作关系，对有合作意向的供应商进行综合评价后选择供应商，并对最终选定的供应商进行分类管理和持续的绩效考核、建立和完善供应商档案、发展和维护良好的供应商关系。

任务实施：

| 序号 | 实施步骤 | 实施内容 |
|---|---|---|
| 1 | 搜集供应商信息 | |
| 2 | 评估潜在供应商 | |
| 3 | 评价有合作意向的供应商 | |
| 4 | 选择供应商 | |
| 5 | 对供应商进行绩效考核 | |
| 6 | 建立和完善供应商档案<br>（填写供应商信息表） | |
| 7 | 发展和维护良好的供应商关系 | |

## 三、进行采购谈判

**任务描述：**

在选择了意向供应商后，采购人员还要在了解供应商的成本构成和报价方法的基础上，运用一定的谈判技巧，与供应商反复谈判，讨论并确定价格、质量、货期、售后服务等合作条件，最后签订采购合同。

**任务实施：**

| 序号 | 实施步骤 | 实施内容 |
|------|----------|----------|
| 1 | 供应商信息收集与分析 | |
| 2 | 谈判布局 | |
| 3 | 谈判进行<br>（填写谈判记录表） | |
| 4 | 签订采购合同 | |

## 四、跟踪采购订单，协助物资入库

**任务描述：**

根据和供应商签订的采购合同，下达采购订单，并跟踪采购订单，处理突发问题，协助物资的检验及入库交接。对照订单或验货记录单上物资的品名、规格、数量、价格等，辅以必要的验收工具依次逐项进行检查，及时处理不合格物资，保证物资顺利入库，从而为企业提供合格的原材料。

**任务实施：**

| 序号 | 实施步骤 | 实施内容 |
|------|----------|----------|
| 1 | 下达采购订单<br>（填写采购订单） | |
| 2 | 跟踪采购订单 | |
| 3 | 处理不合格物资 | |
| 4 | 协助物资检验入库<br>（填写采购业务台账） | |

## 五、进行采购分析

**任务描述：**

采购部门需要定期对企业采购计划完成情况进行总结，检查各类物资是否保质保量低成本准时供应，帮助企业实现利益最大化。同时也可以对同期的采购状况进行横向或纵向的对比，关注企业的发展情况。通过采购分析可以发现之前工作中的经验与不足，对改进后续的采购决策、制定更加科学的采购策略和库存策略、尽量降低采购成本等方面有非常重要的作用。

任务实施：

| 序号 | 实施步骤 | 实施内容 |
|------|----------|----------|
| 1 | 确定采购分析的维度及指标 | |
| 2 | 收集采购数据 | |
| 3 | 整理和分析采购数据 | |

### 知识拓展

#### 早期供应商参与控制采购品质

早期供应商参与指的是企业在产品的开发阶段，就让采购人员参与，从而提供相应的供应商信息供企业参考。企业实施早期供应商参与，有利于缩短开发周期，降低成本和改进质量，提升采购效益。

举例来说，在企业经营中，通常是先进行产品设计，接着进行市场调查，取得销售订单，然后进行产品开发，再采购、生产、交付。由于多家企业参与竞争，销售订单迟迟拿不到，等到好不容易拿下销售订单，往往已经过去了一段时间。此时，产品开发周期不便压缩，生产制造周期也不便压缩，工艺要求不能随便修改，产品的交付周期也不能随便改，企业就只能尽力压缩采购周期，采购人员又只好去压缩供应商的交货期。于是，供应商变得特别"急"。

面对上述情况，企业就可以采取让采购人员带着供应商的信息早期介入的方式。这样，企业在研发某款产品时，采购人员就可以获悉需要寻找什么样的供应商，也便于供应商提前做好准备。

举例来说，生产号称"世界上最安全的汽车"的沃尔沃，在产品开发中，就要求采购早期介入，并根据需求邀请供应商早期介入，从而较好地做到汽车零部件的生产准备保证，确保了零部件及时交付，在很大程度上保证了产品的供应和质量。

一般来说，早期供应商参与大多涉及战略合作问题，并非所有的供应商都适合早期参与。采用早期供应商参与的采供双方，一般有共同的战略目标，且供应商具备一定实力。

# 课程思政

#### 《刑法》关于"工作人员拿回扣"的规定

根据《刑法》第163条规定，公司、企业的工作人员在经济往来中，违反国家规定，收受各种名义的回扣、手续费，归个人所有的，依照公司、企业人员受贿罪处罚。数额较大的，处3年以下有期徒刑或者拘役；数额巨大的，处3年以上10年以下有期徒刑，可以并处没收财产。一般以5 000元作为起刑标准，各地不同。

《最高人民法院关于办理违反公司法受贿、侵占、挪用等刑事案件适用法律若干问题的解释》指出，数额较大指索贿或者受贿5 000元至2万元以上的；数额巨大指索贿或者受贿10万元以上的。

　　私营企业的采购员拿供应商的回扣属于商业受贿行为，虽然在商业交往中并不完全禁止回扣行为，但所得回扣必须计入公司正规财务账，并在合同、发票中明示。个人收取回扣后占为己有的，则构成公司、企业人员受贿。

　　例如，某员工今年5月刚开始当采购员，月收入2 000元，工资比较低。其所在公司是私企，刚入职时，该员工严格按照公司规定价格采购产品，产品也是公司检验合格的优质产品。每次采购产品后，卖方会请该员工吃饭，并给其几百元到几千元钱的"好处"，每月还会给其几百元的手机话费。根据《刑法》第163条规定，此行为已经构成公司、企业的工作人员受贿。

扫一扫

企业应该如何防止
采购人员拿回扣

　　因此，作为采购人员，首先要做到洁身自好，拒绝一切拿回扣的行为；其次，如果存在拿回扣行为，应该主动向公司说明并上交所得回扣，计入公司账目。不要因贪一时便宜误终身。

# 实训项目评价

技能评价表

| 分类 | 作品 | 评价指标 | 达标 | 未达标 |
|------|------|----------|------|--------|
| 文案写作 | 物料市场行情分析报告 | 能够进行市场调研，分析和预测物料市场的行情趋势，根据调研过程撰写图文并茂、符合事实的分析报告 | | |
| | 采购分析报告 | 能够结合采购过程产生的数据对采购状况进行客观评价，并提出有针对性的改进建议 | | |
| 实操展示 | 制定采购计划与预算 | 能结合市场行情、企业物料需求计划和库存情况，制定物料采购计划与预算，采用科学的采购策略和库存策略，尽量降低采购成本 | | |
| | 选择供应商 | 能够通过各种渠道搜集供应商信息、对潜在供应商进行初步评估、对有合作意向的供应商进行综合评估、选择符合公司要求的供应商并对他们进行持续的绩效考核、建立和完善供应商档案、发展和维护良好的供应商关系 | | |
| | 进行采购谈判 | 能够在谈判之前尽可能多地收集和了解供应商的信息，合理进行谈判布局，在谈判时张弛有度地掌握谈判的主动权，在合作共赢的同时，签订保证公司的利益最大化的采购合同 | | |
| | 进行采购分析 | 能够确定合理的采购分析的维度及指标，充分收集采购数据并进行数据整理与分析，形成对公司后续采购决策有价值的分析报告 | | |

素质评价表

| 分类 | 素质点 | 评价指标 | 达标 | 未达标 |
|------|--------|----------|------|--------|
| 自评 | 创新意识 | 善于思考，能够提出新想法、新建议和新策略 | | |
| | 团队协作精神 | 能够服从组织分工，和团队成员相互协作，共同完成任务 | | |
| | 自主学习能力 | 能够发现问题，并借助各种资源等自主学习更多解决问题的方法 | | |
| | 交流沟通能力 | 能够很好地表达自己的观点，并善于倾听；可以和领导、同事、客户等实现有效沟通 | | |
| | 职场行为规范与职业道德 | 遵守基本的职场行为规范和商业伦理，养成良好的职业习惯，塑造优秀的职业人品格 | | |
| 互评 | 创新意识 | 善于思考，能够提出新想法、新建议和新策略 | | |
| | 团队协作精神 | 能够服从组织分工，和团队成员协商合作，共同完成任务 | | |
| | 自主学习能力 | 能够发现问题，并借助各种资源等自主学习更多解决问题的方法 | | |
| | 交流沟通能力 | 能够很好地表达自己的观点，并善于倾听；可以和领导、同事、客户等实现有效沟通 | | |
| | 职场行为规范与职业道德 | 遵守基本的职场行为规范和商业伦理，养成良好的职业习惯，塑造优秀的职业人品格 | | |

# 课后提升

## 星龙湾大酒店的水晶灯

2001 年 8 月 8 日，星龙湾大酒店在鲜花的簇拥中正式对外营业了。这是一家由某集团公司投资成立的涉外星级酒店，该酒店不仅拥有装潢豪华、设施一流的套房和标准客房，下设的老宁波餐厅更是特色经营传统宁波菜和海派家常菜肴，为中外客商提供各式专业和体贴的服务。由于集团公司资金雄厚、实力强大，因此在开业当天，不仅邀请了社会各界知名人士到场剪彩庆祝，更吸引了大批新闻媒体竞相采访报道。一时间，星龙湾大酒店门前人头攒动，星光熠熠。

最让"星龙人"感到骄傲的是酒店大堂里的一盏绚丽夺目、熠熠生辉的水晶灯。这盏水晶灯是公司王副总经理亲自从奥地利某珠宝公司高价购回的，货款总价高达 120 万美元。这样的水晶灯全国罕见，国外也只有在少数几家五星级大酒店里能见到。开业当天，来往宾客无不对这盏豪华的水晶灯赞不绝口，称羡不已。经过媒体报道，这盏水晶灯更成为当天的头条新闻。星龙湾大酒店在这一天也像这盏水晶灯一样，一举成名，当天客房入住率就达到了 80% 以上。

王副总经理也因此受到了公司领导的赞扬，一连几天，他的脸上都洋溢着快乐而满足的笑容。

然而，好景不长。两个月后，这盏高规格、高价值的水晶灯就出了状况。首先是失去了原来的光泽，变得灰蒙蒙的，即使用清洁布使劲擦拭都不复往日光彩。其次是部分金属灯杆都出现了锈斑，还有一些灯珠破裂甚至脱落。人们看到这破了相的水晶灯，议论纷纷："这就是破费数百万美元换回的高档水晶灯吗？"鉴于情况严重，公司领导责令王副总经理在限期内对此事做出合理解释，并停了他的一切职务。

这时，王副总经理再也笑不出来了。真相很快就水落石出，原来这盏价值千万元人民币的水晶灯根本不是从奥地利某珠宝公司购得的，而是通过南方某地的 W 公司代理购入的赝品。王副总经理在交易过程中贪污受贿，中饱私囊。虽然出事之后，王副总经理受到了法律的严惩，然而星龙湾大酒店不仅因此遭受了近千万元人民币的巨额损失，而且酒店名誉受损，成为同行的笑柄。这对于一家新开业的酒店而言，是个致命的打击。

**思考题**：星龙湾大酒店怎么会发生这样的悲剧，在以后的经营中又该如何防范此类问题的发生呢？

## 项目八　企业生产管理

📍 教学目标

知识目标　◆　了解企业生产部门的工作职能；
　　　　　◆　熟悉企业生产的全流程；
　　　　　◆　掌握企业生产计划的结构及相互关系；
　　　　　◆　掌握企业生产顺利进行的要件；
　　　　　◆　掌握生产分析的基本思路。

能力目标　◆　能制订科学的生产计划；
　　　　　◆　能有效管理生产实施过程；
　　　　　◆　具备组织新产品开发的能力；
　　　　　◆　具备分析生产数据的能力。

素质目标　◆　能够自主学习、独立思考、乐于创新，主动发现问题并解决问题；
　　　　　◆　具备基本的时间管理能力和信息处理能力，能够运用正确的方法和技巧掌
　　　　　　　握新知识、新技能；
　　　　　◆　具有团队精神，善于交流沟通，能顺利完成不同岗位之间的分工协作；
　　　　　◆　恪尽职守，热爱本职工作，增强职业意识，形成职业习惯；
　　　　　◆　拥有创造价值、回报社会的责任感和服务国家、服务人民的理想抱负。

## 课前自学

生产部是企业进行产品制造和加工的部门，负责根据企业的经营目标，对各种生产资源进行合理的计划、组织、协调和控制，生产出满足市场需求的产品，保证订单的准时交付。生产部主要负责产品技术开发、生产计划制订、生产组织及质量控制、生产分析等工作。

### 一、新产品开发

新产品开发是企业生产经营的首要环节，直接关系到企业的生存与发展。当今时代，科学技术迅猛发展，产品更新换代的速度越来越快，企业只有不断开发适销对路的新产品，才能存活下去，才能在激烈的市场竞争中取胜。"销售一代、生产一代、研发一代"已成为企业界的共识。此外，进行新产品开发还可以激发企业生产、技术和经营活动的活力，也让企业降低成本、减少能源消耗成为可能。总之，新产品开发对于企业的兴衰存亡，具有重大意义。

#### 1. 新产品开发的过程

新产品开发是一项复杂的工作，只有科学地进行才能避免失误。新产品开发的过程是指从提出产品构思到正式投入生产的整个过程，一般包含以下七个阶段。

（1）市场调研。

新产品开发是为了满足市场和用户的需求，为此必须认真做好市场调研，掌握以下信息：市场需求信息，即产品品种、价格、供求情况及变化趋势；用户使用需求信息，即用户对现有产品的改进意见及建议；产品信息，即产品的技术现状及新成果、未来可能出现的新技术。

（2）构思。

新产品开发是一种创新活动，产品构思是新产品开发的关键。这一阶段，企业需要根据前期市场调研的结果，结合企业内外部环境分析，有针对性地提出新产品的构思。

（3）构思筛选。

并非所有的产品构思都能发展成为新产品。有的产品构思可能与企业发展战略不符，有的构思缺乏相应的资源支持，有的构思可能本身就不切实际。因此，必须对产品构思进行筛选，进行可行性分析。

（4）新产品设计。

新产品设计就是对新产品的原理和结构进行研究，解决新产品开发的技术和经济问题，将新产品构思方案转化成产品图样，并生产出现实的产品。

（5）工艺准备。

这一阶段主要是解决怎样生产新产品的问题，确定制作方法、加工程序、选定设备及工艺装备。

（6）试制鉴定。

这一阶段的目的是检验产品设计和制作工艺是否符合要求，为新产品的生产做好准备。

（7）正式投产上市。

在这个阶段，企业不仅要做好批量生产的组织工作，同时还要考虑新产品上市时机以及产品的营销策略、售后服务等方面的问题。新产品的上市既是新产品开发过程的终点，又是下一代新产品开发的起点。在产品上市过程中，企业应通过市场调研了解新产品适应市场需求的程度，从而为后续开发新产品提供决策依据。

**2. 新产品开发的方法**

（1）系列产品开发法，即增加产品的品种、型号、功能等，形成能满足顾客需求的产品体系。

（2）方便用品开发法，即从方便消费者使用的角度出发，例如从方便操作、方便携带等角度出发进行新产品开发。

（3）材料选用开发法，主要包括使用新材料、新工艺代替原有材料、原有工艺，以提高产品性能或降低开发成本。

（4）缺点列举法，对产品的缺点进行改进。例如初学者打网球时，由于腕力较弱，容易发生腕震，于是日本美津浓有限公司发明了著名的减震球拍。

（5）移植法，将已出现的原理、新技术、新方法应用到产品开发中，该方法需要一定的创新能力。例如一位医生看到工人用激光切割金属，于是思考能否将激光切割技术应用到手术中，从而发明了激光手术刀。

（6）希望点列举法，是指通过列举希望新产品具有的功能而进行创新的方法。例如罐头的发明来源于希望产品长期储存而不变质。

# 二、生产计划

生产计划是根据对市场需求的预测，结合企业的实际生产能力及库存信息，确定企业的生产任务及进度，而制订的经济合理的计划。生产计划不仅为企业一段时间的生产提供目标，同时也为后续进行生产控制提供依据。在市场经济的环境下，企业生产计划的编制应遵循以销定产的原则，坚持"订单驱动业务"，企业生产什么、生产多少、如何生产，都应该由市场需求决定。

### 1. 生产计划的编制方法

生产计划的编制常采用滚动计划法。滚动计划法是现代企业编制计划常用的一种方法，它按照"近细远粗"的原则制定一定时期内的计划，然后按照计划的执行情况和环境变化，调整和修订计划，并逐期向前推移，使短期计划和中期计划结合起来。简而言之，它是一种定期修订计划的方法。相较于静态计划（等一项计划全部执行之后再重新编制下一期的计划）而言，它不仅较好地解决了计划的相对稳定性和实际情况的多变性的矛盾，而且将短期计划和中期计划有效地结合起来，因此应用得越来越广泛。这里值得一提的是滚动间隔期的确定，如果滚动间隔期偏短，虽然有利于计划符合实际，但调整较频繁；而滚动间隔期过长虽然保证了计划的方向性，但又失去了灵活性，所以应结合企业的具体情况具体分析。

### 2. 生产计划的结构

生产计划是由若干分计划构成的计划系统，主要由以下计划构成。

（1）总生产计划。总生产计划是生产活动的前期工作，计划期一般为一年，包括对计划期的总产值目标、总产量目标和生产进度的安排。

（2）主生产计划（Main Product Schedule，MPS）。主生产计划是以最终产品和项目为对象，规定生产的进度和完工时间，规定每个生产单位的任务和投入产出进度等。计划期一般为一个季度或一个月。

编制主生产计划时，生产部门首先需要与营销部门沟通，掌握产品市场需求预测及销售计划信息，尤其是预售产品的品种、时间及数量信息；在此基础上分析现有生产资源能否满足销售任务，进行是否新增生产设备以及产品是企业自制还是贴牌生产的决策，最后结合生产提前期利用滚动计划法编制主生产计划表。

（3）物料需求计划（Material Requirements Planning，MRP）。物料需求计划是将主生产计划中的最终产品和项目进行分解，确定产品各级零部件的制造和采购数量及完成时间。

编制物料需求计划时，计划人员首先需要根据主生产计划及物料清单（产品生产所需所有零部件的结构关系和数量组成），确定各种原材料的需求量，并结合原材料的库存信息确认净需求量（原材料生产需求量-原材料的现有库存量）；然后与采购部沟通确认原材料供给是否充足，最后采用滚动计划法完成物料需求计划表的编制。

（4）生产作业计划。对于制造企业，生产作业计划就是规定每种零件的投入时间和完成时间，以及每台设备上零件的加工顺序。

## 三、生产组织

生产组织是指为了确保生产的顺利进行所进行的人力、设备、材料等各类资源的配置活动。生产组织主要是协调生产过程的各个阶段、各道工序在时间上、空间上的衔接。它包括企业总体布局、车间设备布置、工艺流程和工艺参数的确定等内容，并需要在此基础上进行劳动过程的组织，不断调整和改善劳动者之间的分工与协作形式，提高劳动生产率。

### 1. 生产过程的时间组织与空间组织

生产过程的时间组织是指在加工过程中，从时间方面对加工对象进行合理组织，保持生产过程的连续性，以缩短产品的生产周期，提高设备利用率和劳动生产率。生产过程的时间组织是以零件在生产过程中的移动方式来决定的，常见的零件移动方式有顺序移动、平行移动和平行顺序移动。

生产过程的空间组织主要研究企业内部如何划分生产单位的问题。生产单位的组成有两种专业化形式，即工艺专业化和对象专业化。其中工艺专业化是按照生产过程中各阶段工艺特征来建立生产单位，如铸造车间、印刷车间等；对象专业化是指把完成某种产品加工所需的全部或部分工艺过程集中在一个生产单位，如组装车间。

### 2. 生产组织的流程

生产组织的流程包括生产前准备、生产过程管理、生产完工入库三个环节。其中生产前准备是指在生产开始前需要按照工艺专业化或对象专业化进行车间设备布置，了解设备工作状态及产能信息，然后根据企业生产任务，制定可能的行动方案，确定生产所需的人力状况，同时查询完成生产所需材料的供应与库存是否满足生产需求，并安排领料员按生产通知单①领取原材料。生产过程管理主要是指生产现场管理，做好生产过程中的设备维护、材料处理、质量管理、物流等生产辅助及服务工作。生产完工入库是指生产完工后应及时将产品质检入库，并填写入库单。

### 3. 合理生产组织的基本要求

合理生产组织的基本要求包括使生产过程保持连续性、平行性、比例性、节奏性与适用性。

（1）生产过程的连续性。一是时间上的连续性，保证生产过程尽量处于连续状态，没有或很少有不必要的等待现象；二是空间上的连续性，要求生产过程各环节空间布置合理，缩短物流移动距离。

（2）生产过程的平行性。为了缩短生产周期，可以在数个生产线上同时生产同种零件，进行平行作业，也可以在一批零件上道工序还未全部加工完时，将已完成的零件转到下道工序，进行交叉作业。

（3）生产过程的比例性。这是生产顺利进行的重要条件，指生产过程的各阶段、各道工序及要素之间，在生产能力上要保持一定的比例关系，从而避免"瓶颈"现象，提高劳动生产率和设备利用率。

（4）生产过程的节奏性。这是指生产过程中，不同生产周期生产负荷均匀，尽量不发生时松时紧、前松后紧的情况，保证均衡完成生产任务。

（5）生产过程的适应性。这是指企业的生产系统应具备一定的柔性，能根据市场需求的变化，快速有效地适应新产品生产。

## 四、质量管理

质量是企业的生命，企业只有把追求质量提升到工作的第一位，才有可能在激烈的市场竞争中处于不败之地。质量管理是企业为了使产品质量能够满足不断提高的质量要求而进行的全部管理活动。现代企业质量管理是全企业、全过程、全员参与的管理，也称全面质量管理。

### 1. 质量管理的过程

全面质量管理的过程就是制定质量计划和组织实施的过程，这个过程按照 PDCA 循环（四个阶段、八个步骤）周而复始地运转。

---

① 生产通知单是生产计划人员根据主生产计划，将生产信息正式传达给生产车间的凭证。生产车间将按照生产通知单的具体要求进行生产。

第一个阶段为 P（Plan，计划）阶段，即质量计划制定。这一阶段包含四个步骤：①分析现状，找出存在的质量问题；②分析质量问题的原因及影响因素；③找出主要影响因素；④提出改进质量的措施，制订行动计划。

第二个阶段为 D（Do，执行）阶段，即质量计划实施，指实施计划阶段制定的质量改进计划。

第三个阶段为 C（Check，检查）阶段，即质量执行检查，指利用自检、互检、专项检查等多种方式检查计划执行效果，并与预期目标对比。

第四个阶段为 A（Action，处理）阶段，即质量结果处理。这一阶段包含两个步骤：①对于检查出来的问题进行总结，制定标准；②对于尚未解决的问题，留待观察。

### 2. 质量管理的工具

分析产品质量现状，离不开必要的管理工具。常见的质量管理工具有调查表、直方图、排列图、鱼刺图、控制图等。其中调查表是系统收集数据，并进行粗略整理和分析的一种工具；直方图是通过对直方图形状的分析，观察数据波动情况，监测产品质量变化的一种工具；排列图是分析和寻找质量主要影响因素的一种工具；鱼刺图是由粗到细，寻找质量问题的主要原因的一种工具；控制图是利用控制界限对生产过程的质量状态进行控制的一种工具。

## 五、生产分析

生产分析在企业生产经营管理工作中起到承上启下的作用。进行生产分析，可以检查企业是否实现生产目标，是否保质保量地完成各项生产任务；可以通过横向或纵向的对比，关注企业当前的生产情况及行业排名；可以发现之前工作中的强项与弱项，为企业后续改进生产经营提供依据。

### 1. 生产分析的维度及常用指标

生产分析可以从生产产量分析、生产质量分析及生产设备分析三个方面进行。

生产产量分析，可以分析生产总量、产量构成、横纵向对比以及计划完成程度等指标。其中生产总量是企业一段时间生产业绩最直观的展示；产量构成，即通过对比分析生产某产品的产量与总产量，了解企业重点产品的生产状况；横向对比，即通过对比分析企业当月产量与竞争对手产量，检查企业在行业的竞争力；纵向对比，即通过对比分析企业当月产量与上月产量，分析企业产能的发展趋势；计划完成程度，即通过对比分析企业实际产量与计划产量，检查企业的生产计划的完成情况。

生产质量分析首选指标为产品合格率（=产品合格量/总产量），直观显示产品质量的好坏及企业的生产管理水平，为企业开展质量管理提供依据。也可以分析特定产品合格率，有针对性地进行质量改进；还可以分析劳动生产率（=总产量/生产人数），了解企业人力资源的利用情况。

生产设备分析中首先使用设备数获得企业固定资产规模，接着展开质量分析，主要包括分析设备利用率（=设备实际产能/最大产能），检查是否存在设备利用率不高的现象；分析设备故障率[=（故障停机时间+等待时间）/设备计划运行时间]，了解设备使用状况，延长设备使用寿命。

### 2. 生产分析的任务流程

进行生产分析，先要明确分析的目标（目标可结合企业的实际情况设置，也可以参照前面生产分析的维度设备），然后围绕该目标进行相关数据的收集、整理和分析，分析异常数据出现的原因并有针对性地提出改进建议，从而不断提升企业的生产管理水平。生产分析的任务流程如下。

（1）生产数据收集。与生产相关的内部数据一般可以通过生产计划、生产报表、生产异常记录、生产设备运转表、生产用料表、人员出勤表、质量监控表等各类生产管理表单获得，此外还可以通过网站或管理后台收集行业或竞争对手的生产数据。

（2）生产数据整理。结合分析目标，利用统计分析工具（如 Excel）对收集的数据进行筛选、分类汇总及可视化处理等。

（3）生产数据分析。结合数据整理结果，对企业目前生产产品的产量、质量及设备使用情况进行评价。

（4）生产经营建议。结合上述分析对企业产品产量计划、质量提升、设备有效使用等方面提出建议。

# 自学自测

## 一、选择题

1. (　　) 是新产品开发的首要工作。

    A. 设计开发　　　　B. 工艺准备　　　　C. 调查研究　　　　D. 产品构思

2. 在以市场为导向编制主生产计划时需要提前获得下列哪些信息？(　　)

    A. 企业产能　　　　B. 库存信息　　　　C. 原材料供应　　　　D. 销售计划

3. 企业编制物料需求计划需要哪些信息？(　　)

    A. 主生产计划　　　　B. 物料清单　　　　C. 库存信息　　　　D. 采购计划

4. 下面有关质量管理工具的说法正确的是 (　　)。

    A. 控制图是利用控制界限对生产过程的质量状态进行控制的工具

    B. 直方图通过对形状的分析监测产品质量变化

    C. 排列图是分析和寻找质量主要影响因素的一种工具

    D. 鱼刺图是由粗到细，寻找质量问题的主要原因的一种工具

5. 通过生产分析，可以获得哪些信息？(　　)

    A. 总产量　　　　　　　　　　　　B. 产量增长情况

    C. 产能最高的产品　　　　　　　　D. 企业生产过程中存在的异常

## 二、判断题

1. 企业采用新工艺对原有产品性能进行提升，此类产品不属于新产品。(　　)

2. 编制生产计划的核心是确定生产产品的品种、产量和生产时间。(　　)

3. 流水生产线是按照工艺原则组织生产单位的。(　　)

4. ISO 是国际标准化组织。(　　)

5. 生产分析属于事后分析，没有太大的价值。(　　)

## 三、简答题

1. 新产品开发的过程是怎样的？

2. 以滚动计划法编制生产计划的优势在哪里？

3. 合理组织生产过程的基本要求是什么？

4. 谈谈你对 PDCA 循环的理解。

5. 生产分析报告需要包含哪些内容？

# 课中实训

## 一、进行新产品开发

任务描述：

新产品开发过程是企业为了满足市场对新产品的需求，投入资金及人力进行新产品开发，直至新产品开发成功的过程。

任务实施：

| 序号 | 实施步骤 | 实施内容 |
|------|----------|----------|
| 1 | 市场调研 | |
| 2 | 产品构思 | |
| 3 | 构思筛选 | |
| 4 | 新产品设计 | |
| 5 | 新产品发布 | |

## 二、编制生产计划

任务描述：

生产计划的编制主要包括主生产计划及物料需求计划的编制。

任务实施：

| 序号 | 实施步骤 | 实施内容 |
|------|----------|----------|
| 1 | 明确销售信息 | |
| 2 | 分析企业产能 | |
| 3 | 编制主生产计划 | |
| 4 | 确认原材料需求 | |
| 5 | 编制物料需求计划 | |

扫一扫　　　　　扫一扫

主生产计划样表　　　物料需求计划样表

---

📖 **知识拓展**

### 制定劳动定额

　　企业编制生产计划的重要基础是劳动定额。劳动定额是在一定的生产技术和组织条件下，为生产一定数量的产品或完成一定量的工作，所规定的必要劳动消耗量的标准。劳动定额为企业制定各类计划及合理定员提供了依据，同时也为企业开展劳动竞争提供了有效手段。

　　制定劳动定额的流程主要包括资料准备、劳动定额制定、劳动定额执行及劳动定额修改四个方面。其中，资料准备指收集产品类型、产品图纸、工艺规程、工艺装备、技术资料等定额制定相关资料；劳动定额制定指根据资料收集及企业实际情况，选择适当的方法制定各产品、零件及工序的劳动定额；劳动定额执行指按照劳动定额组织生产，并对产品的实动工时进行记录，形成台账；劳动定额修改指结合执行情况，对定型产品定额做定期修改，对小批量、非标准产品劳动定额，做不定期修改。

　　制定劳动定额时应关注以下要点。

　　要点一：工时消耗。

　　企业要制定先进合理的劳动定额必须了解工人在生产过程中的劳动消耗规律，即工时消耗，可将其分为定额时间和非定额时间两大类。定额时间是工人在正常条件下，为完成某项工作必须消耗的劳动时间，属于必要劳动消耗；非定额时间是工人因停工或执行非生产性工作所消耗的时间，属于不应发生或不必发生的劳动消耗，应尽量减少。

　　要点二：劳动定额的制定方法。

　　企业制定劳动定额，必须根据本企业的生产特点和管理要求，选择正确的方法，常用的劳动定额制定方法有经验估工法、统计分析法、类推比较法和技术分析法四种。其中经验估工法是定额制定人根据产品图纸、工艺流程，结合企业生产条件，凭借实践经验制定定额的方法；统计分析法是对过去生产同类产品或相似零件的工序消耗进行分析比较制定定额的方法；类推比较法是以某种同类产品或工序的典型定额为依据进行对比分析，推算另一种产品、工序的定额的方法；技术分析法是在科学分析生产条件的基础上，对组成定额的各部分时间实地观测和分析计算制定定额的方法。

---

## 三、进行生产组织

**任务描述：**

　　生产组织是指根据生产计划确定的生产任务及生产通知单，确定各生产线的人员配置、原材料投入，并进行有效的生产监管，最终保证产成品顺利入库的过程。

任务实施：

| 序号 | 实施步骤 | 实施内容 |
|---|---|---|
| 1 | 设备布置 | |
| 2 | 人力配备 | |
| 3 | 原材料领取 | |
| 4 | 车间现场管理 | |
| 5 | 产品质量监控 | |
| 6 | 产品完工入库 | |

| 扫一扫 | 扫一扫 | 扫一扫 | 扫一扫 |
|---|---|---|---|
| 生产通知单模板 | 领料单模板 | 入库单模板 | 生产报表样表 |

📖 **知识拓展**

### 生产现场管理

生产现场管理，就是运用科学的管理原理、方法和手段，对生产现场的各种生产要素进行合理的配置和优化组合，从而保证生产目标的顺利实现。高质量的生产现场管理可以创造良好的生产环境和建立良好的生产秩序，从而为企业安全生产、按期交货、降低费用提供保障。这里介绍5S管理法，即整理（SEIRI）、整顿（SEITON）、清扫（SEISO）、清洁（SEIKETSU）、素养（SHITSUKE）。

整理主要是指把要与不要的人、事、物分类，再加以处理。对生产现场摆放的各种物品进行分类，区分什么是现场需要的，什么是现场不需要的。对车间里各个工位或设备的前后、通道左右、厂房上下、工具箱内外，以及车间的各个死角，都要彻底清理，达到现场无不用之物。

整顿强调把需要的人、事、物定量、定位。对整理后的生产现场留下的物品进行科学合理的布置和摆放，以便用最快的速度取得所需之物，在最简洁的流程下完成作业。

清扫就是去除工作场所的污垢，使异常之处很容易被发现。清扫是实施自主保养的第一步，主要目的是提高设备移动率。

清洁是将整理、整顿、清扫实施的做法制度化、规范化，认真维护整理、整顿、清扫的效果,从而创造一个良好的工作环境,使职工愉快地工作。

　　素养强调人人按章操作、依规行事,养成良好的习惯,让员工通过实践 5S 管理法获得自身素养的提升,与企业共同进步。素养是 5S 管理法的核心。

　　后来随着企业进一步发展,有的企业增加了安全(Safety),形成了 6S 管理法,有的企业再增加了节约(Save),形成了 7S 管理法,还有的企业推行 10S 管理法,甚至 12S 管理法,但万变不离其宗,都是从 5S 管理法衍生出来的。

## 四、进行生产分析

扫一扫

生产分析报告模板

　　任务描述:

　　生产经理每月都需要总结企业该月的生产计划完成情况,检查是否保质保量地完成生产任务。同时也可以对本月的生产状况进行横向或纵向对比,关注企业的发展情况。

　　任务实施:

| 序号 | 实施步骤 | 实施内容 |
|---|---|---|
| 1 | 确定生产分析目标 | |
| 2 | 数据收集 | |
| 3 | 数据整理 | |
| 4 | 数据分析,并形成分析报告 | |

# 课程思政

### 生产过程中的人性尊重

　　泰勒的科学管理理论是管理思想发展史上的一座里程碑,他提出的标准化、制度化生产方式大大推动了生产力的发展,使劳动生产率有了大幅度的提高。然而卓别林的一部《摩登时代》让我们深深感受到这种规范化、标准化生产方式对流水线工人的摧残和压榨。流水线工人的动作、工作量等都被规定,在管理者的严密监视下每天超负荷工作。虽然这种现象随着近代工人阶级寻求自我权益保护的运动逐渐消失,《劳动法》的推行更让劳动安全和劳动保护有了法律保障。但是,有的企业管理者的意识并没有从根本上转变过来,仅仅把员工当成实现管理行为或经营目标的工具,仍然采用"命令和控制"的管理方式,员工管理理念还停留在"招之即来,来之即用,用完即走"的传统思维,未能充分认知"人性尊重"的诉求。

　　当前社会,"90 后""00 后"跟传统的工人相比已经改变很多,他们的个人学历及个人素质已有了重大提升。因此作为企业管理者,要从过去的粗放式管理转变为以员工为中心的精益管理,转变短期用工思维。充分认知和理解新一代员工的特点和诉求,做到"人性尊重",推行精益生产模式，让新一代员工更快更好地接受和参与精益改善活动，避免逆反和不满情绪的产生。

理解"人性尊重"并不难。"人性尊重"必须尊重员工的人格尊严，尊重员工的需求，充分调动员工的积极性，多听一线员工的想法和意见，赋予员工有价值的工作，激励员工提出合理化建议。"人性尊重"需要让员工充分参与精益改善，要充分调动员工发现问题和解决问题的主动性与能动性，通过员工的主动参与，发挥员工的创造性，增强其主人翁感。通常当员工被赋予更多的责任和权力时，他们都会积极地支持建立一种精益环境，因为他们在这种环境中除了获得责任和权力之外，还可以学到更多的技能和知识，获得更多的职业发展机会。"人性尊重"要正确处理通过精益改善多出来的员工，充分尊重与合理安排这些员工，积累正面能量，充分调动员工参与精益改善的积极性。"人性尊重"要打破部门和级别的壁垒，构建一种没有上下级、工作部门之分的组织，公司各部门之间的员工可以通过各种形式联系起来。即使平时工作几乎没有交集的员工和高层干部，也能通过各类活动相识和交流，这样有利于营造良好的工作氛围。

# 实训项目评价

技能评价表

| 分类 | 作品 | 评价指标 | 达标 | 未达标 |
|---|---|---|---|---|
| 文案写作 | 主生产计划 | 能结合企业实际制定主生产计划，使主生产计划具有可执行性，并具有一定的激励效果 | | |
| | 物料需求计划 | 能根据主生产计划编制物料需求计划，使物料需求计划具有可执行性，并具有一定的激励效果 | | |
| | 生产分析报告 | 能够结合生产过程产生的数据对生产状况进行客观评价，并有针对性地提出改进建议 | | |
| 实操展示 | 新产品发布 | 能够顺利进行新产品发布，呈现一定的演讲专业度（文案、PPT 等的设计和使用）、团队配合程度、时间管理能力等 | | |
| | 生产表单填写 | 能按照经营过程适时、规范地填写各类销售表单，并通过表单填写及时发现并处理销售过程中的各种异常情况 | | |

素质评价表

| 分类 | 素质点 | 评价指标 | 达标 | 未达标 |
|---|---|---|---|---|
| 自评 | 创新意识 | 善于思考，能够提出新想法、新建议和新策略 | | |
| | 团队协作精神 | 能够服从组织分工，和团队成员相互协作，共同完成任务 | | |
| | 自主学习能力 | 能够发现问题，并借助各种资源等自主学习更多解决问题的方法 | | |
| | 交流沟通能力 | 能够很好地表达自己的观点，并善于倾听；可以和领导、同事、客户等实现有效沟通 | | |
| | 职场行为规范与职业道德 | 遵守基本的职场行为规范和商业伦理，养成良好的职业习惯，塑造优秀的职业人品格 | | |
| 互评 | 创新意识 | 善于思考，能够提出新想法、新建议和新策略 | | |
| | 团队协作精神 | 能够服从组织分工，和团队成员协商合作，共同完成任务 | | |
| | 自主学习能力 | 能够发现问题，并借助各种资源等自主学习更多解决问题的方法 | | |
| | 交流沟通能力 | 能够很好地表达自己的观点，并善于倾听；可以和领导、同事、客户等实现有效沟通 | | |
| | 职场行为规范与职业道德 | 遵守基本的职场行为规范和商业伦理，养成良好的职业习惯，塑造优秀的职业人品格 | | |

# 课后提升

**联想的智能制造样本**

在 IT 制造领域，联想一直都是富有经验的企业之一。在其引以为傲的联宝工厂里，每天约有 5 000 笔订单涌入。一个为人熟知的成绩是，全球每售出 8 台笔记本电脑，其中就有 1 台来自联宝工厂。但不为人知的是，诸如 5G、人工智能这类炙手可热的技术总要先在联宝工厂里被验证。在 2020 年 9 月 3 日，联宝宣布正式启用两套智能制造生产线——"哪吒线"和"水星线"。

其中，"哪吒线"是一条主板智能化工业互联线。哪吒线之所以被命名为"哪吒"，是因为其有"三头六臂"的功能。据介绍，哪吒线的大脑中枢具有正向反馈、逆向反馈、深度分析三大功能模块，同时有智能仓储、工程技术再造、全自动化集成、智能用工模式等六大辅助功能。在数字化方面，通过借助物联网技术实现设备互通互联，哪吒线拥有贴片机接料预警系统、设备管理系统、统计过程控制系统等数字化系统，并搭载驾驶舱数字化管理系统，实现透明化、可视化管理。在智能化方面，通过大数据分析，哪吒线可做到正向优化、逆向纠错以及预测性设备维护。哪吒线自动化率达到业界领先的 90% 以上，生产效率提升 4.36% 以上，产品质量直通率达到 98.2% 以上。

"水星线"则是个人计算机整机生产线。水星线之所以被命名为"水星"，是因为这是一条柔性生产线。水星线的自动化率超过 50%，拥有 61 套自动化设备、23 台机器人，能够有效保证生产线 24 小时不间断生产，同时减少对熟练工的依赖。此外，"水星线"具备高度标准化和模块化设计，可以同时满足"ThinkPad"五大系列不同类型产品生产的切换需求，保证最大柔性。据介绍，水星线的每小时产能能达到 280 台，确保敏捷交付。水星线在设计上专门针对制造质量和质量监控做了大幅升级，对生产中容易产生报废品的环节，陆续导入先进的自动化设备，例如螺丝机、插卡机、贴标机，真正做到严控品质。

据了解，这两条生产线是联想自主开发的，具备自主知识产权，开发过程中已经申请了 71 项专利。联想集团副总裁、联宝科技首席执行官柏鹏在启动仪式上表示："这两条线的投产，既是众多前沿技术在实际工厂环境中的成功实践，也代表企业自身能力的巨大提升。在开发过程中企业培养了一支具备自主设计和自主开发能力的自动化、数字化团队，标志着联宝科技的智能制造进入了一个新的发展时期。"

**思考题**："哪吒线"和"水星线"给联宝的生产组织带来了怎样的优势？如何理解智能制造是企业未来发展的趋势？

# 项目九 企业市场营销管理

## 🔍 教学目标

**知识目标**
- ◆ 了解企业营销部门的工作职能；
- ◆ 了解企业营销部门的工作流程；
- ◆ 掌握市场调查与预测的方法；
- ◆ 掌握市场细分和目标市场选择的策略；
- ◆ 掌握促销及产品定价的策略；
- ◆ 掌握销售谈判的技巧和策略；
- ◆ 了解购销合同的拟定和合同签订流程。

**能力目标**
- ◆ 能完成市场调查和分析；
- ◆ 能制定科学合理的促销方案；
- ◆ 能合理进行目标市场选择和完成渠道开发；
- ◆ 能进行科学合理的产品组合和产品定价；
- ◆ 能撰写营销策划书；
- ◆ 能与客户进行有效的沟通谈判；
- ◆ 能有效维护客户关系；
- ◆ 能拟定相对规范的购销合同，并进行签订。

**素质目标**
- ◆ 能够自主学习、独立思考、乐于创新，主动发现问题并解决问题；
- ◆ 具备基本的时间管理能力和信息处理能力，能够运用正确的方法和技巧掌握新知识、新技能；
- ◆ 具有团队精神，善于交流沟通，能顺利完成不同岗位之间的分工协作；
- ◆ 能恪尽职守，热爱本职工作，增强职业意识，形成职业习惯；
- ◆ 拥有创造价值、回报社会的责任感和服务国家、服务人民的理想抱负。

# 课前自学

营销部负责制定企业的整体营销战略,并结合市场竞争状况和客户需求状况进行市场开拓、产品推广、销售、客户服务等工作，通过不断满足客户需求来实现企业的盈利目标。营销部是企业利润的创造部门，营销工作的成功与否直接决定企业的成败。营销部主要有两大职能：一为市场，二为销售。营销部主要负责市场调查预测、编制营销策划及销售计划、进行产品销售及客户关系管理、销售数据分析等工作。

## 一、市场调查与预测

市场调查是运用科学的方法，系统地收集、记录、整理、分析有关市场的信息资料，并进行客观的评价，从中了解市场的现状和发展变化趋势，为企业各项经营决策提供科学依据的过程。市场调查的内容很多，一般包括市场需求及环境调查、消费者调查、竞争情况调查、企业营销策略调查、技术发展情况调查等。调查离不开资料收集，常见的资料收集方法有观察法、实验法、问卷法和访问法。其中观察法是调查人员以直接观察的方式进行调查并记录第一手市场信息的调查方法。实验法是调查人员根据调查目的，事先选定一个或几个销售因素，人为改变或控制这些因素，来观察他们对销售活动中其他因素的影响的方法。问卷法是通过设计调查问卷，让调查对象依据问卷的问题及给定的选项填写答案从而获得相关信息的方法。访谈法是按照事先拟定的调查事项，有计划地通过口头、网络、电话、邮寄等形式，向调查对象了解情况、采集资料的调查方法。

市场调查的全过程可以分为调查准备、调查策划、调查实施及调查追踪四个方面。其中调查准备是提出调查工作要解决的问题并确定调查目标，在此基础上了解调查项目的基本框架；调查策划是设计调查方案，在实际操作中一般以调查计划书的形式出现；调查实施指组织调查人员按照调查计划书的要求，系统收集资料，听取被调查者的意见，并处理调查结果，编写调查报告；调查追踪指对调查报告提出的关键问题进一步深入调查，同时检验调查结论和建议的实施可能性。

市场预测是根据市场调查取得的有关信息资料，运用科学的预测技术，对市场商品的供求状况、影响因素和发展趋势进行分析和判断的过程。市场预测的内容十分广泛，一般包括市场需求预测、市场占有率预测、市场供给能力预测及企业发展能力预测等。市场预测离不开科学的方法，常用的科学预测方法大体分为两类：一类是定性预测法，主要依靠预测人员对市场过去和现在的状况进行综合分析，对市场发展趋势做出估计和判断，例如领导人员判断法、专业人员分析法、专家意见法、用户意见法等；另一类是定量预测法，以市场发展的历史数据为基础，运用一定的数学模型和统计分析方法进行科学的加工处理，对市场未来的发展变化做出定量预测，常用的有时间序列法（包含简单平均法、移动平均法、指数平滑法等）和因果分析法。

## 二、市场细分与定位

现代市场营销理论中营销战略的三要素，包括市场细分（Market Segmenting）、目标市场（Market Targeting）和市场定位（Market Positioning），简称STP。

### 1. 市场细分

市场细分是指营销者通过市场调研，依据消费者的需要和欲望、购买行为和购买习惯等方面的差异，把某一产品的市场整体划分为若干消费者群的市场分类过程。例如，把整个服装市场细分为儿童服装市场、青年服装市场、中年服装市场和老年服装市场。将一个整体市场细分为若干子市场，必须按照一定的标准进行，消费者市场细分标准可归纳为四大类：人口细分（诸如年龄、性别、职业、收入、教育、家庭人口、家庭类型、家庭生命周期、国籍、民族、宗教、社会阶层）、地理细分（诸如国家、地区、城市、农村、气候、地形）、心理细分（诸如社会阶层、生活方式、个性）、行为细分（诸如时机、追求利益、使用者地位、产品使用率、忠诚程度、购买准备阶段、态度）。

进行市场细分有利于企业开拓新市场，形成新的目标市场；有利于企业做出正确的市场营销决策；有利于企业生产适销对路的产品，提高经济效益。

## 2. 目标市场

在市场营销活动中，任何企业都应该在评估细分市场的基础上，选定目标市场。目标市场就是企业决定要进入的、有共同需要或特征的购买者集合。选定目标市场就是明确企业的具体服务对象，这是企业制定营销战略的基本出发点。

企业在选择目标市场时，通常有无差异市场营销战略、差异化市场营销战略和集中化市场营销战略三种选择。其中无差异市场营销战略是企业不考虑各细分市场的特性，只注重共性，决定只推出单一产品，运用单一的市场营销组合，力求满足尽可能多的消费者需求；差异化市场营销战略是企业同时为几个细分市场服务，设计不同的产品，并在渠道、促销和定价方面都进行相应的改变，以适应各个细分市场的需要；集中化市场营销战略是企业集中所有力量，以一个或少数几个性质相似的细分市场作为目标市场，试图在较少的细分市场上实现较大的市场占有率。

## 3. 市场定位

企业选定目标市场之后，就要在该目标市场上进行企业与产品的市场定位。市场定位就是根据竞争者现有产品在细分市场上所处地位和顾客对产品某些属性的重视，塑造出本企业产品与众不同的鲜明形象并传递给目标顾客，使该产品在细分市场上占据有利的竞争位置。市场定位的实质是使本企业与其他企业严格区分开来，使顾客明显感觉和认识到这种差别，从而使本企业在顾客心目中占有特殊的位置。

企业可以基于以下两种战略进行市场定位：一是基于定位依据考虑市场定位，例如基于质量、价格、特色、品牌、使用者、竞争、文化进行定位；二是基于竞争对手考虑市场定位，例如避强定位、并存定位、迎头定位。

# 三、市场营销组合

二十世纪著名的营销学专家，美国密歇根大学教授杰罗姆·麦卡锡，把开展市场营销活动的可控因素归纳为四类，即产品、价格、销售渠道及促销，提出了著名的 4P 经典市场营销组合理论。

产品（Product）是指企业提供给目标市场的产品和劳务的集合体，它包括产品的效用、质量、外观、式样、品牌、包装、规格、服务和保证等。

价格（Price）是指企业出售产品和劳务的经济回报，它除了价目表所列价格外，还包括折扣、支付方式、支付期限和信用条件等。

渠道（Place）是指产品或劳务从企业向消费者转移过程中所经历的路线。销售渠道由参与产品流通的企业和个人，如生产者、各种类型的代理商、批发商、零售商等组成。

促销（Promotion）是指企业利用信息载体向消费者传递其产品或劳务信息，引发消费者的兴趣和购买欲望，从而使其产生购买行为的综合活动。促销活动主要包括人员推销、广告、营业推广及公共关系等。

产品、价格、渠道和促销四要素之间不仅相互联系、相互制约、相互影响，而且每个因素又包含各种次级因素，它们共同作用影响着企业市场营销活动的效果。

扫一扫　产品定价

扫一扫　渠道管理

扫一扫　产品促销

## 四、客户关系管理

客户关系管理是企业通过提高产品性能，增强客户服务，提高客户满意度，与客户建立长期、稳定、相互信任的密切关系，从而维系和保持老客户，吸引和争取新客户的过程。良好的客户关系能够使企业在激烈的市场竞争中保持优势，获得长期稳定的发展。客户关系管理主要包括以下四个方面的内容。

### 1. 客户开发

进行客户开发，必须要知道客户从何而来，即进行客户来源分析。进行客户来源分析首先要了解本企业的产品或服务定位的目标客户人群，进而发掘潜在客户。其次要分析企业的营销关系环境，即分析现有客户、渠道成员、竞争者、企业收入来源等，从而找出企业的潜在客户群体。

寻找潜在客户一般通过内部渠道和外部渠道，其中内部渠道有企业的销售部门、市场调研部门、企业客户服务部门、企业网站、会员服务及持卡消费信息等，外部渠道包括各种资讯媒介、企业业务合作伙伴、工商行政税收部门、金融机构、市场调查及数据分析机构、展览会及行业论坛等。获得客户信息后，企业就可以有针对性地进行客户开发。

### 2. 客户谈判与成交

客户谈判指销售企业与客户之间为实现各自的经济利益，就销售活动本身、销售条件以及与销售有关的方式进行沟通、磋商，从而达成一致的过程。客户谈判一般可分为准备阶段、开局阶段、磋商阶段和成交阶段。其中准备阶段指销售人员为保证销售目标的实现，需要在销售前掌握自己及竞争对手产品的优劣势，了解客户对产品的需求，同时准备名片、产品样品、企业宣传册、产品销售方案等的阶段。开局阶段指谈判双方在正式谈判前见面、相互问候、相互介绍及就谈判方向、大体安排进行初步说明的阶段。此时双方应通过友好交流，以建立良好开局为原则，创造和谐的谈判氛围。磋商阶段是谈判双方就合作的具体事项，如价格、数量、合作条款、技术等方面的内容进行全面谈判的阶段，是实质性的协调和较量阶段。达成交易，是谈判的直接目的，在谈判的尾声要敏锐观察谈判成交的信号，避免继续做出不必要的让步或错过了最佳签约时机。

谈判达成一致后，双方需要将谈判内容与结果以合同的形式确立下来。合同是对购销双方权利的保障，一般包括标的物价格、数量、交易的时间及方式、违约责任等内容。

扫一扫

销售谈判技巧及
签约事项

### 3. 客户投诉处理

在企业经营过程中，客户投诉始终存在，并且投诉一旦发生就不可回避，必须积极面对。由于客户投诉往往会给企业带来一定的经济损失，所以很多企业把客户投诉当成一种麻烦，想方设法回避，结果失去了客户。因此企业要转变观念，重新认识投诉，客户投诉其实是一种信任，表明客户对企业仍然抱有信心，若有效处理投诉，不仅可以提高客户忠诚度，还可以为企业带来新的商机。

在实际处理客户投诉的工作中，需要掌握积极面对是前提、迅速处理是重点、以诚相待是根本、换位思考是关键、言行有理是要求、优质服务有底线这六大原则，同时能灵活运用以下技巧：①先处理心情，后处理事情；②掌握换服务人员、换地点、换时间这"三换"技巧；③能具体情况具体分析，对充满怒火的客户能以柔克刚，对无理的客户能以刚克刚，对纠缠不休的客户能以刚克柔，适当冷处理。

### 4. 客户忠诚度培养

"企业失去一个老客户所带来的巨大损失，往往需要再开发十个新客户才能弥补。"一句话道尽了企业保持客户忠诚度的重要性。客户忠诚一般理解为在客户满意的前提下，客户依恋企业产品或服务，以致在进行购买决策时，表现出对企业产品或服务有偏向性购买行为。常见的提高客户忠诚度的策略有：①建立客户数据库，通过客户画像了解客户的偏好和习惯购买行为，从而提供精准服务；②识别企业核心客户，通过建立与核心客户之间的联系，提升企业的竞争优势，使稀缺资源得到有效利用；③提供超过客户预期的产品和服务，从而让客户对企业产生一种情感上的满足，发展稳定的忠诚客户群；④正确对待客户投诉；⑤提高客户转换成本，以减少客户退出，保证客户对本企业产品或服务的重复购买；⑥提高内部服务质量，重视员工忠诚度的培养；⑦加强退出管理，认真分析客户退出原因，总结经验教训，减少后续客户流失。

## 五、销售分析

销售业绩在一定程度上反映了企业营销活动的成果，因此营销部门需要定时进行销售分析。通过分析，可以检查企业销售计划的完成情况，检查企业是否保质保量完成销售任务；可以进行横向或纵向的对比，关注企业当前的销售情况及行业排名；可以发现之前工作中的强项及弱项，为企业后续提升销售业绩提供依据。销售分析在企业市场营销活动中起到承上启下的作用。

### 1. 销售分析的维度及常用指标

销售分析可以从整体销售、销售构成及产品售后三个方面进行。

整体销售分析可以从销售量（额）、订单量（额）、发货量（额）等指标分析企业的销售规模；利用利润或利润率指标分析企业产品的盈利状况；利用客户回款总额或回款率进行回款分析，以掌握企业资金流状况。

销售构成分析指对要进行整体销售分析的各指标进行结构分析，一般用部分数值与总体数值的比值来表示。例如可以通过重点产品分析（用某产品的销售额与总销售额对比），了解产品构成，发现畅销产品，并进行有效管理；可以通过客户分析（用某一类客户购买额与总销售额对比），了解客户分布，进行客户分类并有效管理；可以通过市场分析（用某一类市场的销售额与总销售额对比），了解市场构成，发现重点市场，并制定有效营销策略。

产品售后分析指对产品售后服务的相关数据进行分析，包括分析产品维修率、退货率等。其中产品维修率是返修产品占总销售量的比重，退货率是退货产品占总销售量的比重，这两个指标反映了产品当前质量状况，为企业后续有效开展质量管理及客户关系管理提供依据。

### 2. 销售分析的任务流程

进行销售数据分析，先要明确分析的目标（销售目标可以根据企业实际情况设定，也可以根据常用的销售数据分析维度设置），然后围绕该目标进行相关数据的收集、整理和分析，分析异常数据出现的原因并有针对性地提出改进建议，从而不断提升企业市场营销活动的水平。销售分析的具体内容如下。

（1）销售数据收集。与销售相关的内部数据一般可以通过销售计划、订货登记表、销售统计表、发货明细表、客户回款明细表、销售人员业绩表、费用登记表等各类市场营销相关表单获得，此外还可以通过网站或管理后台收集行业或竞争对手的营销数据。

（2）销售数据整理。结合分析目标，利用统计分析工具（如 Excel）对收集的数据进行清洗、筛选、分类汇总及可视化处理等。

（3）销售数据分析。结合上述整理结果，对企业目前整体销售状况、销售构成、产品售后等进行评价。

（4）营销活动建议。结合上述分析对企业销售目标调整、产品质量改进及售后等方面提出建议。

# 自学自测

## 一、选择题

1. 在预测过程中，如果缺乏足够的数据资料，主要运用个人经验和知识进行判断，这种预测方法称为（　　）。

  A. 定性预测法　　　B. 定量预测法　　　C. 时间序列分析法　　D. 回归分析法

2. 当你听到客户说："你的价格太贵了"时，你应该（　　）。

  A. 同意他的说法，然后改变话题

  B. 先感谢他的看法，然后指出一分钱一分货

  C. 不管客户的说法

  D. 强力辩解

3. 常用的获取客户信息的渠道有（　　）。

  A. 企业的销售部门及客户服务部门　　　　B. 会员服务及持卡消费信息

  C. 各种资讯媒介　　　　　　　　　　　　D. 市场调查及数据分析机构

4. 市场营销策略包括（　　）。

  A. 产品策略　　　B. 价格策略　　　C. 渠道策略　　　D. 促销策略

5. 下列关于销售分析，说法正确的有（　　）。

  A. 通过重点产品分析，可以了解产品构成，发现畅销产品，并进行有效管理

  B. 通过重点客户分析，可以了解客户分布，进行客户分类并有效管理

  C. 通过重点市场分析，可以了解市场构成，发现重点市场，并制定有效营销策略

  D. 将销售额与其他企业销售额进行对比，可以了解企业的市场地位

## 二、判断题

1. 企业编制销售计划仅需进行市场预测。（　　　）

2. 编制销售计划是为了确定企业未来一段时间内销售产品的种类、市场及数量。（　　　）

3. 合同一旦签订就对购销双方产生法律上的约束力，因此签订合同时需要对合同签订方、合同必备条款、合同双方的权责、争议解决办法进行有效审查。（　　　）

4. 有时死缠烂打也是挽回客户流失的一种方法。（　　　）

5. 退货率是进行产品售后分析的重要指标。（　　　）

## 三、简答题

1. 常用的市场调查方法有哪些？

2. STP 营销战略是指什么？

3. 企业在处理客户投诉时应采取怎样的原则？

4. 如何培养顾客忠诚度？

5. 销售分析报告应包含哪些内容？

# 课中实训

## 一、进行市场调查

任务描述：

市场调查是指运用科学的方法，系统地搜集、记录、整理有关市场的信息和资料，分析市场情况，了解市场的现状及其变化的规律和趋势，为市场预测和营销决策提供客观的、可靠的数据和资料，从而帮助企业制定正确的发展战略。

扫一扫

市场调查计划书

任务实施：

| 序号 | 实施步骤 | 实施内容 |
|---|---|---|
| 1 | 调查准备 | |
| 2 | 策划调查方案 | |
| 3 | 实施市场调查 | |
| 4 | 撰写市场调查报告 | |
| 5 | 调查追踪 | |

## 二、进行营销策划

任务描述：

市场营销策划是为了达到一定目标，在充分调查研究的基础上，遵循市场发展的规律，根据 STP 及 4P 相关理论知识，对事物的未来发展进行系统全面的创意、构想和谋划，制定和选择能合理达到预测目标的执行方案，并付诸实施的一种创造性活动。

任务实施：

| 序号 | 实施步骤 | 实施内容 |
|---|---|---|
| 1 | 分析营销现状 | |

续表

| 序号 | 实施步骤 | 实施内容 |
|---|---|---|
| 2 | 明确营销目标 | |
| 3 | 选择目标市场及市场定位 | |
| 4 | 制定产品策略 | |
| 5 | 制定价格策略 | |
| 6 | 制定渠道策略 | |
| 7 | 制定促销策略 | |
| 8 | 编写营销策划书 | |
| 9 | 实施营销策划方案 | |

### 知识拓展

#### 新媒体营销

新媒体是一种新的媒介形式，区别于报刊、户外、广播、电视四大传统意义上的媒体，包括手机、计算机、平板电脑、交互式网络电视等媒体形式。随着新媒体各应用平台的丰富以及各新媒体平台用户量的不断增加，新媒体对于企业和个人推广而言，成了一个新的营销渠道，新媒体营销也应运而生。新媒体营销就是利用新媒体平台进行营销的方式。现在比较热门的新媒体平台包括微博、微信、今日头条等，其特点是用户基数大，信息及时性强，内容形式丰富，互动性强等。由于各平台之间的运营方式不同，在各平台进行新媒体营销的策略也不尽相同。

**1.　微信营销**

微信营销是一种网络经济时代企业或个人营销模式，是伴随着微信的广泛使用而兴起的一种网络营销方式。微信平台具有用户量大且黏性强、朋友圈为熟人社交平台、微信公众号一对多、广告系统成熟的特点，同时微信是网页链接传播的主要平台。企业或个人可以通过开通微信公众号在微信平台推广营销活动，或通过第三方营销公司及各行业账号资源进行新媒体营销。

**2. 微博营销**

微博营销是指商家、个人等通过微博平台创造价值的一种营销方式，也指商家或个人通过微博平台发现并满足用户的各类需求的商业行为方式。由于微博平台具有内容多样、平台开放、推广资源丰富的特点，因此通过微博实时进行新媒体营销的重点在于充分利用微博平台大面积传播信息。在广告资源方面，微博自身的推广广告位和第三方公司及各行业账号资源都十分丰富。

**3. 头条营销**

头条营销是利用今日头条为平台进行营销的方式。今日头条是一款精准化推荐新闻资讯客户端，以用户个人喜好为主导进行个性化推荐，且产品形态多以图文为主，内容形式多种多样，推广资源丰富。企业或个人可开通头条号以及微头条进行新媒体营销推广，广告资源以今日头条自身资源和第三方头条号推广为主。

## 三、编制销售计划

任务描述：

编制销售计划是在市场调查分析与预测的基础上，根据企业整体发展战略、往期各市场产品销售数据、已获订单等信息，确定企业未来一段时间内产品销售的种类、方式及数量的过程。

扫一扫

销售计划的编制流程

扫一扫

销售计划样表

任务实施：

| 序号 | 实施步骤 | 实施内容 |
|------|----------|----------|
| 1 | 销售预测 | |
| 2 | 营销现状分析 | |
| 3 | 产能（产品供给）分析 | |
| 4 | 编制销售计划表 | |

## 四、进行产品销售与服务

任务描述：

产品销售与服务是营销部门最核心的工作之一，指在企业销售目标指引下，销售人员有计划地销售产品，努力完成企业的销售任务，并形成客户信息档案，通过及时回访客户的方式与客户建立良好的关系，从而提高客户的满意度。

任务实施：

| 序号 | 实施步骤 | 实施内容 |
|------|----------|----------|
| 1 | 售前准备 | |
| 2 | 客户谈判与合同签订 | |
| 3 | 产品发货 | |
| 4 | 货款回收 | |
| 5 | 客户回访 | |
| 6 | 客户忠诚度培养 | |

| 扫一扫 | 扫一扫 | 扫一扫 |
|--------|--------|--------|
| 购销合同模板 | 订单登记表样表 | 销售计划表样表 |
| 扫一扫 | 扫一扫 | 扫一扫 |
| 发货单样表 | 销售发货明细表样表 | 客户档案一览表样表 |

📖 **知识拓展**

### 产品发货

　　产品发货是企业履行与客户之间交易合同的重要环节。发货的准确性、及时性和安全性不仅展示了企业良好的仓储服务质量，更是企业良好信誉和管理水平的体现。发货管理一般包括发货计划、下达发货订单、派发出库单、配货及发货、发货后跟踪五个方面的内容。其中发货计划是指企业根据订单信息编制发货计划表；下达发货订单指发货申请人根据合同信息及发货计划表，及时准确下发发货单；派发出库单指仓储部在验证发货单无误、进行发货台账登记之后，开具出库单；配货及发货指仓储部核实出库单，并按照所列项目和标注进行配货、包装之后，放到理货区等待承运人提货；发货后跟踪指发货后，销售人员应及时填写发货明细表，并跟进客户收货情况，与客户做好发货物资对账工作，并及时收回货款。

在进行产品发货时应注意以下几点。

（1）发货申请人在下达发货信息时，应按照合同信息详尽说明发货产品的型号、数量、标签、包装以及产品的交货方式、收货地址、联系人、联系电话等信息，从而为发货工作提供准确、便利的发货信息，确保货物及时准确地发放。

（2）仓库管理人员在审核发货单无误的基础上，对所列项目进行登记，核销存储量，并在发货单上标注发货货物存放的货区、库房、货位编号及发货后的结余数等；同时开具货物出库单，交仓库保管员查对配货。

（3）仓库发货人员在备齐商品，复核货物出库单的抬头、印鉴、日期无误的情况下，当面向提货人或运输人按单列货物逐件点交，办理交接手续。在货物装车时，发货人员应在现场进行监装，直到货物装运出库。发货结束后，发货人员应在出库凭证的发货联上加盖"发讫"印戳，并留据备查。

（4）发货后，发货人应将发货信息（包括发货内容、发货时间、物流名称、货运单号等信息发送给发货申请人，并由发货申请人跟进客户收货情况。确认货物收到后，发货申请人应与客户做好物资对账工作，并反馈信息至财务部开具相关票据，推进货款收回工作。

## 五、进行销售分析

任务描述：

营销部门需要定期总结企业销售计划完成情况，检查是否保质保量地完成销售任务，同时也可以对销售业绩进行横向或纵向的对比，关注企业的发展情况。通过销售分析可以发现之前工作中的强项及弱项，对企业后续调整改进经营管理有非常重要的作用。

扫一扫

销售分析报告模板

任务实施：

| 序号 | 实施步骤 | 实施内容 |
| --- | --- | --- |
| 1 | 确定销售分析的维度及指标 | |
| 2 | 销售数据收集 | |
| 3 | 数据整理 | |
| 4 | 数据分析，形成分析报告 | |

# 课程思政

## 品牌强国

品牌是有国界的，它代表着一个国家的核心竞争力、民族凝聚力和国家利益，是一国创新能力的集中体现。各国之间的品牌之争实质上是国家之间商品核心竞争力和市场的争夺战。曾经的中国作为世界加工厂，具有世界一流的生产及加工能力，却很少有具有中国烙印的品牌，更不要说具有世界影响力的品牌。缺少品牌的支持，只能被冠以"世界加工厂"的名头，"为他人作嫁衣裳"。而这一切被一个叫"华为"的品牌改变了。

在 2014 年 10 月 9 日，Interbrand 发布的"最佳全球品牌"排行榜中，华为作为唯一的中国品牌首次上榜，排名第 94 位。在该排行榜的 2020 年排名中，华为的品牌价值为 63.01 亿美元，排名第 80 位。遗憾的是华为依旧是中国唯一上榜的企业。

回顾华为的品牌成长之路，是科技创新之路。从模拟时代以及数字通信初期的模仿和跟进，到 3G 时代部分技术上的领先，再到 4G 时代在芯片（处理器芯片、在线编程芯片、各种大型核心芯片、电视芯片）、高端服务器、高端存储技术、操作系统、高端核心路由器、大容量数据中心、光网络骨干网技术和光网络接入技术等很多通信技术领域的绝对优势，再到 5G 领域里的领先世界。今天的华为，在信息技术领域有多项技术已经站到了世界最尖端。目前华为的产品和解决方案已经应用于全球 170 多个国家和地区，服务全球运营商 50 强中的 45 家及全球 1/3 的人口，申请的专利高达 4 000 多个……华为品牌的成长和强势扩张让世界各国看到了中国力量，让全体中国人感受到了深深的民族自豪感。

在 2019 年中国品牌强国盛典中，华为获得年度荣耀品牌，颁奖词为："志高存远，从为中华之崛起有所作为到科技前沿创新奋发有为，用实力劈开全球市场；从跟踪创新到平行竞争到领跑技术，硬核科技把人人带入数字世界，用品质赢得喝彩；从通信基站到数字终端到 5G 时代，让品牌实现完美超越，生生不息的精神，品牌与发展信心同在，不断创新的使命，万物互联惠及大众百姓。"

华为用 30 多年的发展实现了品牌强国、中华有为的梦想，为中国民营企业自主品牌的发展开了先河。相信在未来，在国家"品牌强国"战略的支持下，定会涌现和培养更多优秀的品牌，提升"中国制造"的品质和竞争力，从而更好地彰显中国品牌的影响力和中国经济的实力！

# 实训项目评价

技能评价表

| 分类 | 作品 | 评价指标 | 达标 | 未达标 |
|---|---|---|---|---|
| 文案写作 | 市场调查方案 | 能根据企业实际制定满足调查目的、经济可行的调查方案 | | |
| | 市场调查报告 | 能根据调查过程撰写图文并茂、符合事实的调查报告，并给出有针对性的建议 | | |
| | 销售计划书 | 能结合企业实际制订销售计划，使销售计划具有可行性，并具有一定的创新性和激励效果 | | |
| | 销售分析报告 | 能够结合营销过程中产生的数据对企业营销状况进行客观评价，并有针对性地提出改进建议 | | |
| 实操展示 | 营销策划展示 | 能够顺利完成营销策划展示，呈现一定的演讲专业度（文案、PPT等的设计和使用）、团队配合程度、时间管理能力等 | | |
| | 销售谈判 | 能够做到谈判前做好准备，谈判中张弛有度，谈判尾声达成交易 | | |
| | 处理客户投诉 | 能够有效处理客户投诉，过程中遵守客户投诉的原则，灵活使用处理客户投诉的技巧 | | |
| | 销售表单填写 | 能按照经营过程适时、规范地填写各类销售表单，并通过表单填写及时发现并处理销售过程中的各种异常情况 | | |

素质评价表

| 分类 | 素质点 | 评价指标 | 达标 | 未达标 |
|---|---|---|---|---|
| 自评 | 创新意识 | 善于思考，能够提出新想法、新建议和新策略 | | |
| | 团队协作精神 | 能够服从组织分工，和团队成员相互协作，共同完成任务 | | |
| | 自主学习能力 | 能够发现问题，并借助各种资源等自主学习更多解决问题的方法 | | |
| | 交流沟通能力 | 能够很好地表达自己的观点，并善于倾听；可以和领导、同事、客户等实现有效沟通 | | |
| | 职场行为规范与职业道德 | 遵守基本的职场行为规范和商业伦理，养成良好的职业习惯，塑造优秀的职业人品格 | | |
| 互评 | 创新意识 | 善于思考，能够提出新想法、新建议和新策略 | | |
| | 团队协作精神 | 能够服从组织分工，和团队成员协商合作，共同完成任务 | | |
| | 自主学习能力 | 能够发现问题，并借助各种资源等自主学习更多解决问题的方法 | | |
| | 交流沟通能力 | 能够很好地表达自己的观点，并善于倾听；可以和领导、同事、客户等实现有效沟通 | | |
| | 职场行为规范与职业道德 | 遵守基本的职场行为规范和商业伦理，养成良好的职业习惯，塑造优秀的职业人品格 | | |

# 课后提升

### 中国红牛进化简史

20 多年来，从 0 到 1，红牛维生素功能饮料开创了国内功能饮料品类先河。畅销全国的红牛小金罐，在陈列架上形成一道亮丽的风景线，对消费者而言则是美好生活中一份踏踏实实的存在。

然而中国红牛的发展之路并不是一帆风顺的。1995 年 12 月 25 日，中国红牛在深圳注册登记，之后便成立了多家省级办事处，启动了广告和公关轰炸攻势，在深圳广受关注的核心地段树立多个户外大型广告牌，在当年春晚投入上亿元广告，召开品牌战略研讨会等，告知国人"红牛来到中国"。现实却是连续两年，由于超前的广告投入，中国红牛处于巨亏状态，这引起创业股东对市场的怀疑，不再投资甚至退出了中国红牛。

面对低迷的市场，有人怀疑是红牛饮料的价格出了问题，当时红牛饮料零售指导价格 6 元，一箱 144 元的价格相当于普通工薪阶层一周的工资。但董事长严彬坚信不是价格的问题，而是"市场培育"的问题，于是他开着压路机将不合格产品和过期产品全部销毁，投入到对红牛品牌的全方位塑造中。

首先是产品。维生素功能饮料在当时还是一个新提法，缺乏相关标准。因此严彬多次组织专家召开产品考察和技术论证会，调整红牛饮料配方，在这个过程中，始终把国人健康、饮料安全放在第一位，最终被批准的维生素功能饮料配方是中国红牛能够在市场上合法生产和销售的底气。关于产品外观，中国红牛与包装供应商多次研发，仅包装颜色就试验了 41 次，拉环试验了数十万次，最终采用了更有质感和符合国人审美的小金罐，并申请了外观专利。

其次是商标。严彬坚信，没有一个好的商标，产品就不可能发展壮大，更不可能深入人心。为了保护红牛在市场上的声誉，严彬果断放弃"瑞德步"名称，并派人与"斗牛"商标所有人协调沟通，因为其与红牛商标图案非常相似，最终使对方同意放弃对红牛双牛商标权利异议的主张，确立了红牛双牛独特商标。

最后是产品推广。面对早期市场低迷的困境，严彬决定改变"汽车要加油、我要喝红牛"广告语，他将所有高管团队聚集在北京昌平的一个酒店里，闭门进行头脑风暴，并让所有人用方言大声读出来。最终诞生了中国红牛那句著名的广告语"渴了喝红牛、困了累了更要喝红牛"。此外，中国红牛大手笔、高起点赞助富有中国特色的各项体育赛事，如中泰足球对抗赛、福建红牛三人足球赛、钱塘江国际冲浪赛、全国羽林争霸、街舞国际公开赛、南山滑雪公开赛等，为维生素功能饮料融入了体育营销的基因，中国红牛品牌逐步深入人心。

依靠高品质的产品、超前广告投入和活动培育，以及奋发图强的精神，中国红牛不仅站稳了脚跟，最终获得飞速发展。中国红牛，是一个成功的商业品牌。

**思考题：**你认为中国红牛是如何成长为一个成功品牌的？企业在"市场培育"时应注意哪些方面？

# 项目十 企业涉税业务

## 教学目标

**知识目标** ◆ 了解《税收征收管理法》《发票管理办法实施细则》等法规的基本内容；
◆ 熟悉发票的种类、申领及填开要求；
◆ 掌握企业需要申报税费的计算方法及纳税期限等法律规定；
◆ 熟悉纳税申报的流程和要求。

**能力目标** ◆ 能够合理选择并正确准备填开发票所需的设备和材料；
◆ 能够登录税务相关系统正确申领、填开发票；
◆ 能够判断业务应缴纳的税费，及时准备相关资料；
◆ 能够按时顺利完成各种税费的纳税申报及缴纳。

**素质目标** ◆ 能够自主学习、独立思考、乐于创新，主动发现问题并解决问题；
◆ 具备基本的时间管理能力和信息处理能力，能够运用正确的方法和技巧掌握新知识、新技能；
◆ 具有团队精神，善于交流沟通，能顺利完成不同岗位之间的分工协作；
◆ 能恪尽职守，热爱本职工作，增强职业意识，形成职业习惯；
◆ 拥有创造价值、回报社会的责任感和服务国家、服务人民的理想抱负。

# 课前自学

初创企业税务登记之日起即纳入税务管理，开始生产经营后，常规的涉税业务主要有两项，一是发票管理，二是纳税申报。

## 一、发票管理

发票是在购销商品、提供或者接受服务以及从事其他经营活动中，开具、收取的收付款凭证，是会计核算的原始凭证，也是收付行为的法定凭证、税务检查的重要依据。

发票的类型主要有增值税专用发票和增值税普通发票。增值税一般纳税人发生应税销售行为，使用增值税发票管理系统开具增值税专用发票、增值税普通发票、机动车销售统一发票、增值税电子普通发票。增值税小规模纳税人发生应税销售行为，开具增值税普通发票，需要开具增值税专用发票的，可以自愿使用增值税发票管理系统自行开具（销售其取得的不动产除外），或向税务机关申请代开专票。

发票管理主要包括发票申领、发票开具、发票作废和冲红等。

### 1. 发票申领流程

（1）报送资料。

纳税人领取营业执照、依法办理税务登记之后，按生产经营需要，到办税服务厅税务窗口，递交申领发票相关资料。申领发票需报送的资料包括：加载统一社会信用代码的营业执照、经办人身份证明原件及复印件、发票专用章印模、银行扣税协议等。

（2）提出申请。

填写并提交《纳税人领用发票票种核定表》《增值税专用发票最高开票限额审批表》。

（3）增值税税控系统专用设备初始发行。

如果领用税控发票，需要凭税务机关发放的《增值税发票新系统安装使用通知书》到指定服务单位购买税控设备，并且到办税服务厅进行设备初始发行后方可开具发票。

（4）申领发票。

纳税人按税务机关核定的发票种类、发票限额、领票数量领用发票。领票途径有以下三种。

① 办税服务厅税务窗口申领发票。一般适用于有发票增量需要等特殊情况。企业办税人员需提供营业执照副本、发票专用章、办税人身份证件、税控盘等资料设备。

② 办税服务厅自助设备领取发票。在自助购票机上输入社会信用代码（税号）及密码后，即可在限量内领取。

③ 网络申领发票。登录当地电子税务局，按要求操作申领发票。

纳税人根据相关要求和自身需要，可选择其中一种方式申领发票。

### 2. 发票开具

纳税人在发生经营业务确认收入时开具发票，未发生经营业务不得开具发票。

开具发票应当按照规定的时限、顺序、栏目，全部联次一次性如实开具，并加盖发票专用章。纳税人不得虚开发票，不符合规定的发票，不得作为财务报销凭证，任何单位和个人有权拒收。

（1）增值税专用发票开具。

增值税专用发票应通过增值税发票税控开票软件开具，操作流程如下。

① 首次登录开票软件，应设置纳税人基础信息。

② 开票前可以先录入保存商品编码和客户信息，即销售项目和客户的主要信息，注意正确选择商品和服务税收分类编码。

③ 读入申领的发票后，根据需要进行发票填开。

④ 打印已填开的发票。

（2）增值税普通发票开具。

若纳税人通过增值税发票税控开票软件开具发票，操作流程基本同增值税专用发票开具流程，不同的是，购买方的地址、电话、银行账号等信息不做要求。注意，购买方为企业的，销售方应在"购买方纳税人识别号"栏填写购买方的纳税人识别号或统一社会信用代码。

### 3. 发票作废和冲红

（1）增值税专用发票的作废与冲红。

① 增值税专用发票当月开错，未用于申报抵扣，且发票联和抵扣联退回的，可以直接作废，

遵循谁开票谁作废的原则，或者以管理员权限登录开票软件进行作废。

② 增值税一般纳税人开具增值税专用发票后，发生销货退回、开票有误、应税服务中止等情形但不符合发票作废条件，或者因销货部分退回及发生销售折让，需要开具红字专用发票的，先填开《开具红字增值税专用发票信息表》，上传审核通过后，再开具红字专用发票。

（2）增值税普通发票的作废与冲红。

① 当月开错，且未进行非征期抄报的发票，可以作废。登录开票软件，选择开错的发票进行作废。

② 跨月的普通发票或已经抄税的普通发票，发现开错了，需进行普通发票冲红。登录开票软件，在发票列表中选择需要冲红的普通发票对应的蓝字普通发票，选择"开红字发票"，即完成普通发票的冲红。

## 二、增值税及附加税费计算与申报缴纳

纳税人销售货物、劳务、服务、不动产、无形资产，以及进口货物时，应当缴纳增值税，同时缴纳城市维护建设税、教育费附加和地方教育附加。

### 1. 增值税及附加税费计税方法

（1）增值税税额计算方法。

① 一般纳税人采用一般计税法。

应纳增值税税额=销项税额-进项税额

其中，销项税额=销售额×增值税税率，销售额不含增值税，适用税率目前有 13%、9%和 6%三档。

② 小规模纳税人采用简易计税法。

应纳增值税税额=不含税销售额×征收率（3%或 5%）

不含税销售额=含税销售额÷（1+征收率）

增值税一般纳税人在特殊情况下，也可以采用简易计税法。

（2）城市维护建设税、教育费附加和地方教育附加计算方法。

应纳城市维护建设税=实际缴纳的增值税税额×适用税率（市区 7%、县镇 5%、其他地区 1%）

应纳教育费附加=实际缴纳的增值税税额×3%

应纳地方教育附加=实际缴纳的增值税税额×征收率

注：四川省地方教育附加征收率为 2%。

### 2. 增值税及附加税费申报缴纳流程

增值税一般纳税人和小规模纳税人计税方法不同，纳税申报表不同，申报流程也有差异，具体申报流程如下。

（1）一般纳税人增值税及附加税费申报缴纳。

纳税人登记为增值税一般纳税人后，应安装申报系统软件，使用税控器进行增值税纳税申报。完成一次增值税申报一般要分四步：税款所属期确认发票抵扣进项税用途，次月初将上月开票数据"抄报税"，申报期结束前（每月 15 日前）填报申报表，系统校验后扣缴税款。

增值税一般纳税人网上报税具体流程如下。

① 确认发票抵扣用途。增值税一般纳税人取得增值税发票（包括增值税专用发票、机动车销售统一发票、收费公路通行费增值税电子普通发票）后，登录增值税发票综合服务平台，确

认发票申报抵扣增值税进项税额用途。不足抵扣的部分可结转下期继续抵扣。

② "抄报税"。增值税一般纳税人在申报当月初通过开票软件将上月开票数据抄入税控盘，再将税控盘中的开票数据报送给税务机关，或到税务服务厅报税。

③ 填报纳税申报表。增值税一般纳税人在申报当月 1—15 日，登录网上申报系统，填报《增值税及附加税费申报表（一般纳税人适用）》，在纳税期内若最后一日为法定休假日的，申报期顺延至下一个工作日；在每月 1—15 日内有连续 3 天以上法定休假日的，申报期按休假日天数顺延。

享受减免税和当期无应纳税额的纳税人，也须按规定期限分别办理免税申报和零申报。

自 2021 年 8 月 1 日起，实行增值税与城市维护建设税、教育费附加、地方教育附加申报表整合申报，启用《增值税及附加税费申报表（小规模纳税人适用）》《增值税及附加税费预缴表》及其附列资料。

一般纳税人涉及的增值税及附加税费申报表共 7 张：主表及附表《增值税及附加税费申报表附列资料（一）》（本期销售情况明细）、《增值税及附加税费申报表附列资料（二）》（本期进项税额明细）、《增值税及附加税费申报表附列资料（三）》（服务、不动产和无形资产扣除项目明细）、《增值税及附加税费申报表附列资料（四）》（税额抵减情况表）、《增值税及附加税费申报表附列资料（五）》（附加税费情况表）、《增值税减免税申报明细表》。纳税人根据自身业务选择相关附表填写。申报表及附表填写顺序为先附表，后主表；主表与附表相对应，附表间也相互对应。

扫一扫
《增值税及附加税费申报表（一般纳税人适用）》及其附列资料

纳税人填写增值税申报信息后，自动带入附加税费附列资料（附表）；纳税人填写完附加税费申报信息后，回到增值税申报主表，形成纳税人本期应缴纳的增值税和附加税费。上述表内信息预填均由系统自动实现，特殊项目金额需要纳税人手动录入。填写完成后上传申报表，系统将自动校验，进行表表比对、表票比对、表税比对，提示校验结果。校验未成功可以修改后再次申报，重新校验。

④ 缴纳税款。申报表通过系统检验后，申报成功，自动进入财税库银系统进行税款扣除。扣税后可在系统查看当期申报结果及扣款情况，还可进行本地历史报表查询或远程历史报表查询，输入相应条件，可进行报表查询、打印。

扫一扫
《增值税及附加税费申报表（小规模纳税人适用）》及其附列资料

增值税一般纳税人因逾期纳税申报，或其他特殊原因，需要到税务服务厅现场申报，基本流程与网上申报相同。

（2）小规模纳税人增值税及附加税费申报缴纳。

小规模纳税人一般按季度申报缴纳增值税（也可按月申报缴纳），在每个季度（月）终了后 1—15 日内申报纳税，通过进入当地电子税务局平台，先将税控设备开具数据上传抄报，再填报主表《增值税及附加税费申报表（小规模纳税人适用）》，以及《增值税及附加税费申报表（小规模纳税人适用）附列资料（一）》（服务、不动产和无形资产扣除项目明细），《增值税及附加税费申报表（小规模纳税人适用）附列资料（二）》（附加税费情况表），系统对申报的票表比对，校验通过后扣缴税款。

扫一扫
小微企业税收优惠政策

注意：小规模纳税人申报增值税前，应根据本企业的销售规模判断是否能享受小微企业免征增值税的优惠政策。按照新政策，2021 年 4 月 1 日至

2022 年 12 月 31 日，小规模纳税人发生增值税应税销售行为，合计月销售额未超过 15 万元（以 1 个季度为 1 个纳税期的，季度销售额未超过 45 万元）的，免征增值税。

### 三、所得税计算与申报缴纳

#### 1. 企业所得税计算与申报缴纳

企业所得税按纳税年度计算，纳税年度自公历 1 月 1 日起至 12 月 31 日止。企业所得税分月或者分季预缴。企业应当自月（季）终了之日起 15 日内，向税务机关报送预缴企业所得税纳税申报表，预缴税款。企业应当自年度终了之日起 5 个月内，向税务机关报送年度企业所得税纳税申报表，按税务局规定附送财务会计报告和其他相关资料，并汇算清缴，结清应缴应退税款。企业无论盈亏，都应依法向税务机关按时申报企业所得税。

（1）企业所得税计税方法。

应纳税额=应纳税所得额×适用税率-减免税额-抵免税额

应纳税所得额=收入总额-不征税收入-免税收入-各项扣除-以前年度亏损

（2）企业所得税月（季）度预缴纳税申报流程。

① 登录电子税务局。选择企业所得税月（季）度申报。

② 报送财务报表。填写报送申报月（季）度财务报表（资产负债表及利润表）。

③ 填报纳税申报表。选择企业所得税月（季）度预缴纳税申报表。先填附表，再填主表。主表按利润表中的数据填列，实际利润额按利润表中本年累计营业利润填写。

扫一扫

《中华人民共和国企业所得税月（季）度预缴纳税申报表（A 类）》

征管系统根据申报表相关数据，自动判断企业是否符合小型微利企业条件；符合条件的，系统还将进一步自动计算减免税金额，自动生成表格。填写完成后报送纳税申报表。

④ 缴纳税款。申报成功后确认缴纳税款，签订了扣税协议的自动扣款。

（3）企业所得税年度汇算清缴网上申报流程。

各地税务机关提供的纳税申报系统、软件有所不同，但基本流程一致。

① 登录电子税务局。

② 财务会计报表网上申报。进入财务报表报送功能界面，通过读盘导入财务报表数据或以手工录入的方式完成财务报表数据的填写，填写完毕后上传电子表单完成财务报表申报。

③ 企业所得税网上申报。进入企业所得税年度申报功能界面，通过读盘导入数据方式完成年度申报表数据的填写。

A. 企业基础信息录入。填写纳税人信息表（包括行业、从业人数、总资产、会计制度、主要股东等信息）、确定法定比例（职工福利费、教育经费、工会经费、广告费等实际比例）、预缴及结算信息等。

B. 简化选表。选择企业申报需要录入的表单，将企业业务不涉及的表单设置为不填写。

C. 申报表填写。先填附表，再填主表，注意表格之间的联系，主表的数据基本由相关附表信息自动生成。

D. 申报表审核。填写完毕进入企业所得税年度申报疑点检查，若存在风险提示，按照提示重新填写。

E. 申报表发送。选择需发送的申报表，依次发送，完成年度申报。

④ 完成税款缴纳。

⑤ 企业所得税申报有误等情形。

纳税人在税法规定的汇算清缴期内因各种原因导致年度汇算清缴网上申报不成功的，应及时在税法规定的汇算清缴期内按现行上门申报规定要求，携带有关申报资料到主管税务机关的办税大厅办理申报。

**2. 个人所得税计算与申报缴纳**

个人所得税代扣代缴，是指按照税法规定负有扣缴税款义务的单位，向居民个人支付工资、薪金所得，劳务报酬所得，稿酬所得和特许权使用费所得的个人所得税应全员全额扣预缴申报；向非居民个人支付工资、薪金所得，劳务报酬所得，稿酬所得和特许权使用费所得的个人所得税全员全额扣缴申报；以及向纳税人（居民个人和非居民个人）支付利息、股息、红利所得，财产租赁所得，财产转让所得和偶然所得的个人所得税全员全额扣缴申报。

个人所得税扣缴义务人每月或者每次预扣或代扣税款，在次月15日内，向主管税务机关报送工资表或支付给个人的劳务报酬等凭证及《个人所得税扣缴申报表》，审核通过后缴纳税款。一般通过全员全额扣缴税款软件报税。

（1）居民个人预扣预缴方法。

① 扣缴义务人向居民个人支付工资、薪金所得时，应当按照累计预扣法计算预扣税款，并按月办理全员全额扣缴申报。

本期应预扣预缴税额=（累计预扣预缴应纳税所得额×预扣率-速算扣除数）

－累计减免税额-累计已预扣预缴税额

累计预扣预缴应纳税所得额=累计收入-累计免税收入-累计减除费用-累计专项扣除

－累计专项附加扣除-累计依法确定的其他扣除

预扣率见表10-1。

表10-1　个人所得税预扣率表一
（居民个人工资、薪金所得预扣预缴适用）

| 级数 | 累计预扣预缴应纳税所得额 | 预扣率（%） | 速算扣除数 |
|---|---|---|---|
| 1 | 不超过 36 000 元 | 3 | 0 |
| 2 | 超过 36 000 元至 144 000 元的部分 | 10 | 2 520 |
| 3 | 超过 144 000 元至 300 000 元的部分 | 20 | 16 920 |
| 4 | 超过 300 000 元至 420 000 元的部分 | 25 | 31 920 |
| 5 | 超过 420 000 元至 660 000 元的部分 | 30 | 52 920 |
| 6 | 超过 660 000 元至 960 000 元的部分 | 35 | 85 920 |
| 7 | 超过 960 000 元的部分 | 45 | 181 920 |

② 扣缴义务人向居民个人支付劳务报酬所得、稿酬所得、特许权使用费所得，按次或者按月预扣预缴个人所得税。具体预扣预缴方法如下。

劳务报酬所得、稿酬所得、特许权使用费所得以收入减除费用后的余额为收入额。其中，稿酬所得的收入额减按70%计算。

减除费用：劳务报酬所得、稿酬所得、特许权使用费所得每次收入不超过4 000元的，减除费用按800元计算；每次收入4 000元以上的，减除费用按收入的20%计算。

应纳税所得额：劳务报酬所得、稿酬所得、特许权使用费所得，以每次收入额为预扣预缴应纳税所得额。

税率：劳务报酬所得适用20%至40%的超额累进预扣率，稿酬所得、特许权使用费所得适用20%的比例预扣率。预扣率见表10-2。

表10-2　个人所得税预扣率表二

（居民个人劳务报酬所得预扣预缴适用）

| 级数 | 预扣预缴应纳税所得额 | 预扣率（%） | 速算扣除数 |
| --- | --- | --- | --- |
| 1 | 不超过20 000元 | 20 | 0 |
| 2 | 超过20 000元至50 000元的部分 | 30 | 2 000 |
| 3 | 超过50 000元的部分 | 40 | 7 000 |

劳务报酬所得、特许权使用费所得：

应纳税所得额=（每次收入-800）（每次收入≤4 000元的）

　　　　　　=每次收入×（1-20%）（每次收入＞4 000元的）

稿酬应纳税所得额=（每次收入-800）×70%（每次收入≤4 000元的）

　　　　　　　　=每次收入×（1-20%）×70%（每次收入＞4 000元的）

劳务报酬所得预扣预缴税额=预扣预缴应纳税所得额×预扣率-速算扣除数

稿酬所得、特许权使用费所得预扣预缴税额=预扣预缴应纳税所得额×20%

（2）非居民个人扣缴方法。

扣缴义务人向非居民个人支付工资、薪金所得，劳务报酬所得，稿酬所得和特许权使用费所得时，应当按以下方法按月或者按次代扣代缴个人所得税。

① 非居民个人的工资、薪金所得，以每月收入额减除费用5 000元后的余额为应纳税所得额；适用按月换算后的非居民个人月度税率表计算应纳税额（见表10-3）。

表10-3　个人所得税税率表三

（非居民个人工资、薪金所得，劳务报酬所得，稿酬所得，特许权使用费所得适用）

| 级数 | 应纳税所得额 | 税率（%） | 速算扣除数 |
| --- | --- | --- | --- |
| 1 | 不超过3 000元 | 3 | 0 |
| 2 | 超过3 000元至12 000元的部分 | 10 | 210 |
| 3 | 超过12 000元至25 000元的部分 | 20 | 1 410 |
| 4 | 超过25 000元至35 000元的部分 | 25 | 2 660 |
| 5 | 超过35 000元至55 000元的部分 | 30 | 4 410 |
| 6 | 超过55 000元至80 000元的部分 | 35 | 7 160 |
| 7 | 超过80 000元的部分 | 45 | 15 160 |

应纳税额=（月收入-5 000）×税率-速算扣除数

② 劳务报酬所得、稿酬所得、特许权使用费所得，以每次收入额为应纳税所得额，应纳税所得额以收入减除20%的费用后的余额为收入额。稿酬所得的收入额减按70%计算。适用按月换算后的非居民个人月度税率表计算应纳税额。

应纳税额=每次收入×（1-20%）×税率-速算扣除数

（3）网上申报个人所得税流程。

① 登录自然人电子税务局，进入系统客户端，选择税款所属期。

② 人员信息采集。单位办税人员采集人员信息时，可以单个添加或批量导入，然后进行人

员信息报送验证、查询、导出等。

③ 专项附加扣除信息采集。专项附加扣除信息一般由纳税人下载税务机关提供的个人所得税 App，自行录入相关信息，也可由纳税人提供资料，扣缴义务人录入。如果专项附加有更新，可下载更新。

④ 综合所得申报。通过全员全额扣缴税额软件，将上月发放的工薪、劳务报酬等信息表导入个人所得税扣缴申报表，一般可以自动生成应扣缴税额，部分项目可以手动录入。如果有减免等情况则填写附表。审核无误后，提交《个人所得税扣缴申报表》。

扣缴义务人应当按照纳税人提供的信息计算税款、办理扣缴申报，不得擅自更改纳税人提供的信息。

⑤ 网上扣缴税款。确认上传的个人所得税扣缴申报表后，系统自动进入扣税环节，一般选择按扣税协议划转税款。

扫一扫

《个人所得税扣缴
申报表》

## 四、财产和行为税计算与申报缴纳

纳税人除向税务机关申报增值税及附加税费、消费税及附加税费、企业所得税、个人所得税以外，还可能涉及财产和行为税。自 2021 年 6 月 1 日起，财产和行为税合并申报，即纳税人在申报多个财产和行为税税种时，不再单独使用分税种申报表，而是在一张《财产和行为税纳税申报表》上同时申报多个税种。财产和行为税合并申报的税种范围包括城镇土地使用税、房产税、车船税、印花税、耕地占用税、资源税、土地增值税、契税、环境保护税、烟叶税等 10 个税种。

### 1. 财产和行为税计税方法

（1）印花税计税方法。

在我国境内书立、领受应税凭证（应税合同、产权转移书据、营业账簿等）、进行证券交易的单位和个人，应按季、按年或者按次计征印花税。

应纳印花税=合同金额（或产权转移书据金额）×适用税率

或应纳印花税=实收资本（股本）、资本公积合计金额×适用税率

注：公式中合同金额不包括列明的增值税税款。上述内容符合新印花税法，新印花税法自 2022 年 7 月 1 日起施行。

（2）契税计税方法。

在我国境内转移土地、房屋权属（土地使用权出让、转让，房屋买卖、赠予、互换），承受的单位和个人，应按不含增值税的计税价格，依适用税率（3%～5%）计算缴纳契税。

应纳契税=计税价格（买卖成交价格、交换差额或核定的价格）×适用税率

（3）城镇土地使用税计税方法。

取得土地使用权的单位，应以实际占用土地面积为计税依据，按年计算税额，分期缴纳城镇土地使用税（分月、季或半年）。

全年应纳城镇土地使用税=实际占用土地面积（平方米）×适用定额税率

分期应纳城镇土地使用税=全年应纳城镇土地使用税÷12×应税月份数

（4）房产税计税方法。

① 从价计征。取得房屋产权的单位，应按年计算税额，分期缴纳房产税（分月、季或半年）。

全年应纳房产税=房产原值×（1-扣除比例）×1.2%

分期应纳房产税=全年应纳房产税÷12×应税月份数

注：扣除比例为 10%～30%，四川省扣除比例为 30%。

② 从租计征。房屋出租，取得租金收入的单位，应按年计算税额，分期申报缴纳（分月、季或半年）。

应纳房产税=租金收入×12%

### 2. 财产和行为税纳税申报流程

自 2021 年 6 月 1 日起，纳税人申报缴纳城镇土地使用税、房产税、车船税、印花税、耕地占用税、资源税、土地增值税、契税、环境保护税、烟叶税中一个或多个税种时，使用《财产和行为税纳税申报表》。该申报表由一张主表和一张减免税附表组成，主表为纳税情况，附表为申报享受的各类减免税情况。纳税申报前，需先维护税源信息。对于城镇土地使用税、房产税、车船税等稳定税源，可以"一次填报，长期有效"。纳税人可以自由选择维护税源信息的时间，既可以在申报期之前，也可以在申报期内。无论选择何种填报方式，纳税人申报时，系统都会根据已经登记的税源明细表自动生成申报表。

财产和行为税纳税申报流程如下。

（1）登录电子税务局。

（2）维护税源信息。纳税申报前，税源信息有变化的，通过填报《财产和行为税税源明细表》进行数据更新维护后再进行纳税申报。税源信息没有变化的，确认无变化后直接进行纳税申报。

（3）申报表填报。选择《财产和行为税纳税申报表》，征管系统将根据各税种税源信息自动生成申报表，纳税人审核确认后即可完成申报。

（4）扣款。申报成功后，纳税人进行税款缴纳，并可查询扣款结果，若扣款失败，可通过扣款信息管理发起重扣。

扫一扫

《财产和行为税纳税申报表》

# 自学自测

## 一、选择题

1. 对于发票的开具使用，以下说法错误的是（　　　）。

   A. 单位和个人应当在发生经营业务并确认营业收入时，开具发票，未取得经营收入一律不得开具发票

   B. 不得转借、转让发票

   C. 不得代开发票

   D. 不得倒买或者倒卖发票

2. 首次申领发票需要纳税人到政务服务中心税务窗口，递交申领发票的（　　　）。

   A. 营业执照 　　　　　　　　　　B. 银行扣税协议

   C. 单位公章 　　　　　　　　　　D. 经办人身份证件

3. 根据增值税法律制度的规定，下列属于增值税扣税凭证的有（　　　）。

   A. 增值税专用发票 　　　　　　　B. 海关进口增值税专用缴款书

   C. 农产品收购发票 　　　　　　　D. 机动车销售统一发票

4. 根据企业所得税法律制度规定，企业所得税实行（　　　）。

   A. 按年计算 　　　B. 分月或分季预缴 　　　C. 年终汇算清缴 　　　D. 不退不补

5. 下列各项中，关于印花税计税依据说法不正确的是（　　　）。

   A. 购销合同中记载的购销金额 　　　B. 借款合同中的借款本利合计金额

   C. 货物运输合同中的运输费用 　　　D. 财产租赁合同中的租赁金额

## 二、判断题

1. 一般纳税人销售货物时，只能向买方开具增值税专用发票，不能开具增值税普通发票。（　　　）

2. 企业领用税控发票，需要到指定服务单位购买税控设备，并且到办税服务厅进行增值税税控系统专用设备初始发行，然后才可以开具发票。（　　　）

3. 纳税人在减免税期间及应纳税额小于零时，无须办理纳税申报。（　　　）

4. 申报城镇土地使用税、房产税、车船税、印花税时，都使用《财产和行为税纳税申报表》。（　　　）

5. 企业应按月代扣代缴职工工薪个人所得税，职工个人在次年1—5月综合申报个人所得税。（　　　）

## 三、简答题

1. 案例一：增值税一般纳税人税额计算与纳税申报。

A公司为成都市武侯区增值税一般纳税人，主要提供汽车销售、维修服务。2021年1月A公司有关经营业务如下。

（1）进口越野车一批，取得海关进口增值税专用缴款书，注明增值税为80万元。

（2）购进维修用零配件，取得的普通发票注明的金额为68 000元。

（3）支付进货运输费用，取得的增值税专用发票上注明的税额为5万元。

（4）销售小型客车取得不含税销售额936万元，开具税控增值税专用发票，价外收取手续

费 22.6 万元（含税），开具普通发票。

（5）销售汽车内装饰饰品，取得含税销售额 158.2 万元，开具普通发票。

（6）对外提供汽车维修服务，取得含税销售额 33.9 万元，开具普通发票。

已知适用的增值税税率为 13%，上月末留抵税额为 16 万元。

要求：

（1）计算 A 公司当月销售额、销项税额、进项税额和应纳增值税税额；

（2）计算当月城市维护建设税、教育费附加和地方教育附加；

（3）填报当月增值税及附加税费申报表。

2. 案例二：印花税和契税税额计算与纳税申报。

甲公司于 2022 年 7 月在成都市龙泉驿区成立。注册资本 500 万元；当月与乙公司签订房屋销售合同，合同不含增值税金额为 900 万元；与丙运输公司签订运输合同，合同含税总价款 2 万元，其中运费 1.7 万元，装卸费 0.3 万元。

已知：印花税税率为营业账簿 2.5‰，产权转移书据 5‰，运输合同 3‰。

要求：

（1）计算甲公司应缴纳的印花税，填报财产和行为税纳税申报表；

（2）计算乙公司应缴纳的契税，填报财产和行为税纳税申报表。

# 课中实训

## 一、发票申领与填开

任务描述：

纳税人办理税务登记之后，按生产经营需要，到办税服务厅税务窗口，递交申领发票相关资料，填写提交《纳税人领用发票票种核定表》《增值税专用发票最高开票限额审批表》，经税务机关核准，领取税控盘及增值税发票。

用税控盘登录开票系统，进行信息初始化，再录入客户信息及商品编码，并将税控盘中的发票读入开票系统。然后根据业务需要，分别开具增值税专用发票或增值税普通发票，审核后打印发票，并将发票联、抵扣联交给购买方。

任务实施：

| 序号 | 实施步骤 | 实施内容 |
|---|---|---|
| 1 | 申请领取增值税发票，填写相关表格 | |
| 2 | 在开票系统设置纳税人信息、录入购买方信息和商品信息 | |
| 3 | 根据实际业务开具增值税专用发票并打印发票 | |
| 4 | 根据实际业务开具增值税普通发票并打印发票 | |

## 二、增值税及附加税费申报缴纳

任务描述：

纳税人开始生产经营后，登记为增值税一般纳税人的，应按期（一般按月）进行增值税纳税申报。具体任务是在税款所属期确认发票抵扣进项税用途，次月初将上月开票数据"抄报税"，并采集审核相关纳税数据，申报期结束前填报申报表，系统校验后扣缴税款。

小规模纳税人一般按季度申报缴纳增值税，在每个季度终了后1～15日内，进入当地电子税务局平台，先将税控设备开具数据上传抄报，再填报主表《增值税及附加税费申报表（小规模纳税人适用）》以及附列资料，系统比对校验通过后扣缴税款。

任务实施：

| 序号 | 实施步骤 | 实施内容 |
|---|---|---|
| 1 | 审核销售收入记账凭证及汇总表，采集相关纳税数据 | |
| 2 | 一般纳税人进项发票用途确认，抄报税 | |
| 3 | 一般纳税人填报《增值税及附加税费申报表（适用于增值税一般纳税人）》及附表，缴纳税款 | |

| 序号 | 实施步骤 | 实施内容 |
|---|---|---|
| 4 | 小规模纳税人填报《增值税及附加税费申报表（适用于增值税小规模纳税人）》及附表，缴纳税款 | |

## 三、所得税申报缴纳

**任务描述：**

纳税人按月（季）度预缴企业所得税，应在月（季）终了之日起 15 日内，在申报系统上报送财务报表、企业所得税预缴纳税申报表，预缴税款。年度终了后 5 个月内，报送年度企业所得税纳税申报表、财务会计报告和其他相关资料，进行企业所得税汇算清缴，结清应缴应退税款。

负有扣缴税款义务的单位，向居民个人支付工资、薪金所得，劳务报酬所得，稿酬所得和特许权使用费所得，应进行全员全额预扣预缴个人所得税申报。按月预扣预缴税款的，应在次月 15 日内，向主管税务机关报送工资表等凭证及《个人所得税扣缴申报表》，审核通过后缴纳税款。

**任务实施：**

| 序号 | 实施步骤 | 实施内容 |
|---|---|---|
| 1 | 上传财务报表，采集相关纳税数据 | |
| 2 | 进行月末结账，填写《企业所得税月（季）度预缴纳税申报表》，申报纳税 | |
| 3 | 年度终了后，填报《年度企业所得税纳税申报表》，校验缴税 | |
| 4 | 进行人员信息采集、专项附加扣除信息采集，准备工资表 | |
| 5 | 填写《个人所得税扣缴申报表》，申报扣缴税款 | |

## 四、财产和行为税申报缴纳

**任务描述：**

纳税人发生购买房地产行为会涉及印花税、契税、耕地占用税，销售房地产、资源等应缴纳资源税、土地增值税，拥有房地产、车船等财产应缴纳城镇土地使用税、房产税、车船税。纳税申报前，先维护税源信息，在一张《财产和行为税纳税申报表》上同时申报多个税种。

**任务实施：**

| 序号 | 实施步骤 | 实施内容 |
|---|---|---|
| 1 | 在系统上维护税源信息 | |
| 2 | 按月申报印花税，填报《财产和行为税纳税申报表》，扣税 | |

续表

| 序号 | 实施步骤 | 实施内容 |
|---|---|---|
| 3 | 按次申报契税，填报《财产和行为税纳税申报表》，缴税 | |
| 4 | 按半年一次申报城镇土地使用税、房产税、车船税，填报《财产和行为税纳税申报表》，缴税 | |

**知识拓展**

### 税收征收管理

税务机关日常主要工作任务是税收征收管理，主要包括税务管理、税款征收和纳税检查等。下面从税务机关的角度说明税收征管的主要内容。

**一、税务管理**

税务管理，是税务机关对纳税人和扣缴义务人实施的基础性的管理制度和管理行为。税务管理是税款征收的前提和基础。税务管理主要包括税务登记管理、账簿和凭证管理、发票管理、纳税申报管理等。有关税务登记、账簿和凭证管理在项目二中已作说明，不再赘述。

**1. 税务机关发票管理**

税务机关发票管理的基本流程如下。

（1）纳税人递交领用发票所需资料，税务人员检查无误后受理业务，指导纳税人填写提交《领用发票票种核定表》《增值税专用发票最高开票限额审批表》并审核。

（2）在税务系统录入纳税人发票相关信息，发行税控盘。

（3）授权纳税人使用税控设备。

（4）受理发票申领（包括发票网上申领）。

（5）税务机关在发票管理中有权检查印制、领购、开具、取得、保管和缴销发票的情况，调出发票查验，查阅、复制与发票有关的凭证、资料，询问当事各方与发票有关的情况。

**2. 纳税申报管理**

（1）纳税申报的方式主要有：自行申报、数据电文申报等。

自行申报是指纳税人、扣缴义务人在规定的申报期限内，自行直接到主管税务机关指定的办税服务场所办理纳税申报手续。

数据电文申报，是指纳税人以税务机关确定的电话语音、电子数据交换和网络传输等电子方式进行纳税申报，即通过电子税务局、税控软件进行网上报税，这也是目前纳税申报方式的常见形式和发展方向。

（2）不同税种纳税申报方式及流程不完全相同，税务机关受理的流程也有所不同，以增值税及附加税费纳税申报受理为例，下面为申报步骤。

① 税务人员确定纳税人的纳税申报方式、时间、内容。

② 审核企业发票认证。

③ 审核企业抄报税。

④ 审核纳税申报表，审核无误后开具缴款书或纳税人网上划款缴税。

## 二、税款征收

税款征收是税务机关依照税收法律、法规的规定，将纳税人依法应当缴纳的税款组织入库的系列活动的总称。它是税收征收管理工作的中心环节，是全部税收征管的目的和归宿。

### 1. 税款征收方式

税务机关根据各税种的不同特点和纳税人的具体情况，确定计算、征收税款的形式和方法，包括查账征收、查定征收、查验征收、定期定额征收。其中查账征收适用于财务会计制度健全、能如实履行纳税义务的纳税人，是常见的税款征收方式。

### 2. 税款征收措施

税务机关在税款征收过程中针对不同情况可以采取相应征收措施。主要措施包括：责令缴纳、责令提供纳税担保、采取税收保全措施、采取强制执行措施、阻止出境。

## 三、纳税检查

纳税检查，是指税务机关根据税收法律、行政法规的规定，对纳税人、扣缴义务人履行纳税义务、扣缴义务及其他有关税务事项进行审查、核实、监督活动的总称。纳税检查是确保国家财政收入和税收法律法规贯彻落实的重要手段。纳税检查的常规流程如下。

（1）通过系统大数据比对，评估分析纳税，筛选纳税异常企业。

（2）通过约谈企业或到企业经营地，进入企业财务软件，对纳税人的合同、账簿、记账凭证、报表和有关资料等进行检查，并查询存款账户，进而分析企业偷逃税数量。

（3）依法对违法行为进行处理。

# 课程思政

### 偷逃税哪里逃

2018年10月，在崔某某实名举报演员范某某"阴阳合同"涉税问题后，国家税务总局高度重视，立即责令江苏等地税务机关依法开展调查，查清案件事实。税务机关依据《税收征收管理法》的相关规定，对范某某及其担任法定代表人的企业追缴税款2.55亿元，加收滞纳金0.33亿元；对其采取拆分合同手段隐瞒真实收入偷逃税款，处4倍罚款计2.4亿元；对其利用工作室账户隐匿个人报酬的真实性质偷逃税款，处3倍罚款计2.39亿元；对其担任法定代表人的企业少计收入偷逃税款，处1倍罚款计94.6万元；对其担任法定代表人的两户企业未代扣代缴个人所得税和非法提供便利协助少缴税款，各处0.5倍罚款，分别计0.51亿元、0.65亿元。范某某所需补缴的税款、滞纳金以及罚款合计超过8亿元，创下我国税收历史上个人补罚金额最高纪录。相关部门依法依规严肃查处，既维护了税法尊严，又彰显了社会公平正义。

"学艺先学德，演戏先做人"，签订"阴阳合同"，于规所禁；偷税逃税，于法不容。不做守法公民，势必被时代抛弃。

天网恢恢疏而不漏，以身试法，终究逃不过法律的制裁！

# 实训项目评价

## 技能评价表

| 分类 | 作品 | 评价指标 | 达标 | 未达标 |
|---|---|---|---|---|
| 文案写作 | 申领发票 | 能够根据《税收征收管理法》的相关规定，准备相关资料，经税务机关审核，取得发票 | | |
| | 填开发票 | 能根据企业自身的业务，正确填开增值税专用发票和增值税普通发票 | | |
| | 增值税及附加税费纳税申报 | 能够准备相关资料，正确填报《增值税及附加税费申报表》，完成申报缴纳 | | |
| | 企业所得税纳税申报 | 能根据企业自身的相关信息，填报《企业所得税月（季）度预缴纳税申报表》《年度企业所得税纳税申报表》，完成申报缴纳 | | |
| | 个人所得税纳税申报 | 能正确采集人员信息，填写《个人所得税扣缴申报表》，完成代扣代缴个税 | | |
| | 财产和行为税纳税申报 | 能在系统上维护税源信息，填报《财产和行为税纳税申报表》，完成印花税、契税、城镇土地使用税、房产税等税种的纳税申报 | | |
| 实操展示 | 发票管理全流程 | 能够顺利完成发票的申领、填开和保管全流程，提交申领的必要资料，通过税务机关的审核 | | |
| | 纳税申报全流程 | 能够顺利完成纳税申报全流程，提交纳税申报相关的必要资料，通过税务机关的审核 | | |

## 素质评价表

| 分类 | 素质点 | 评价指标 | 达标 | 未达标 |
|---|---|---|---|---|
| 自评 | 创新意识 | 善于思考，能够提出新想法、新建议和新策略 | | |
| | 团队协作精神 | 能够服从组织分工，和团队成员相互协作，共同完成任务 | | |
| | 自主学习能力 | 能够发现问题，并借助各种资源等自主学习更多解决问题的方法 | | |
| | 交流沟通能力 | 能够很好地表达自己的观点，并善于倾听；可以和领导、同事、客户等实现有效沟通 | | |
| | 职场行为规范与职业道德 | 遵守基本的职场行为规范和商业伦理，养成良好的职业习惯，塑造优秀的职业人品格 | | |
| 互评 | 创新意识 | 善于思考，能够提出新想法、新建议和新策略 | | |
| | 团队协作精神 | 能够服从组织分工，和团队成员协商合作，共同完成任务 | | |
| | 自主学习能力 | 能够发现问题，并借助各种资源等自主学习更多解决问题的方法 | | |
| | 交流沟通能力 | 能够很好地表达自己的观点，并善于倾听；可以和领导、同事、客户等实现有效沟通 | | |
| | 职场行为规范与职业道德 | 遵守基本的职场行为规范和商业伦理，养成良好的职业习惯，塑造优秀的职业人品格 | | |

# 课后提升

## 减税降费如何助力中国经济发展

减税降费是一项应对经济下行压力的重大财税政策抉择，也是一项事关国家治理全局的重大政治决断。"十三五"期间（2016年至2020年），全国新增减税降费累计超过7.6万亿元，其中2020年新增减税降费超过2.5万亿元，减税降费规模占GDP的比重约为2.5%，占全年税收收入13.68万亿元的18%，再次刷新了年度减税降费纪录，其他国家没有中国这么高的减税比例。

"十三五"时期，一系列力度大、内容实、范围广的减税降费政策措施不断推出，使所有行业税负均有下降，有效推动了供给侧结构性改革，助力夯实经济发展基本盘。

2018年，国家推出了深化增值税改革三项措施：增值税税率由原来的17%和11%分别调整为16%和10%；对先进制造业以及现代服务业期末留抵税额实行退还优惠；将小规模纳税人的标准下调为年应征增值税销售额500万元及以下。另外，加大企业所得税优惠力度，职工教育经费支出的扣除上限提高到工资薪金总额的8%，研发费用加计扣除比例从50%提高到75%。

2019年，国家实施更大规模减税降费，主要举措如下。一是对小微企业进行普惠性的税收减免。提高增值税小规模纳税人起征点，月销售额由3万元调整到10万元；对小规模纳税人缴纳的城市维护建设税、印花税等可以实行减半征收。放宽小微企业认定条件，降低企业所得税实际税负。二是继续深化增值税改革。增值税税率从16%和10%调整为13%和9%；进一步扩大进项税的可抵扣范围。三是降低社会保险费率标准。城镇职工的基本养老保险中，单位负责缴费的比例调整到不高于16%。四是加大初创科技型企业税收优惠力度。

2020—2021年，国家巩固和拓展减税降费成效。为帮助企业纾困解难，增值税小规模纳税人适用3%征收率的，减按1%征收率征收增值税；小型微利企业所得税减半，个体工商户个人所得税减半。

2020年以来，国家通过持续有力、精准施策的减税降费，切实减轻了各类市场主体税费负担，增加了它们的现金流，帮助企业渡难关、稳外贸基本盘，全力推动企业复工复产，激发市场主体活力；同时，也刺激了消费。税务部门数据显示，全国重点税源企业每百元营业收入税费负担，在2019年同比下降6.9%的基础上，2020年前11个月又下降9.2%，到税务部门办理涉税事项的新增市场主体超千万户，比上年同期增长7.4%。减税降费为经济社会发展提供了坚实的财力保障。

此外，为方便纳税人享受减税降费政策红利，税务部门不断优化服务，实现90%的涉税事项、99%的纳税申报业务都可网上办、线上办、掌上办，缩短了企业纳税时间，使纳税人制度性交易成本有所下降。

**思考题**：纳税人可以从哪些渠道了解税收优惠政策？怎样充分利用税收优惠政策？

# 项目十一 企业金融业务

## 🔍 教学目标

**知识目标**
- ◆ 了解银行的单位存款业务相关政策；
- ◆ 熟悉银行的单位存款业务办理要求及流程；
- ◆ 了解银行的单位结算业务相关政策；
- ◆ 熟悉银行的单位结算业务办理要求及流程；
- ◆ 了解银行的单位贷款业务相关政策；
- ◆ 熟悉银行的单位贷款业务办理要求及流程。

**能力目标**
- ◆ 能够掌握银行的单位存款业务的相关规定以及办理步骤；
- ◆ 能够掌握银行的单位结算业务的相关规定以及办理步骤；
- ◆ 能够掌握银行的单位贷款业务的相关规定以及办理步骤；
- ◆ 能够顺利完成银行的单位存款业务的办理；
- ◆ 能够顺利完成银行的单位结算业务的办理；
- ◆ 能够顺利完成银行的单位贷款业务的办理。

**素质目标**
- ◆ 能够自主学习、独立思考、乐于创新，主动发现问题并解决问题；
- ◆ 具备基本的时间管理能力和信息处理能力，能够运用正确的方法和技巧掌握新知识、新技能；
- ◆ 具有团队精神，善于交流沟通，能顺利完成不同岗位之间的分工协作；
- ◆ 能恪尽职守，热爱本职工作，增强职业意识，形成职业习惯；
- ◆ 拥有创造价值、回报社会的责任感和服务国家、服务人民的理想抱负。

## 课前自学

根据我国现金管理制度的规定，每个企业都应在中国人民银行或专业银行开立存款账户，存入货币资金以办理存、取款和转账结算。企业的货币资金，除了规定限额的现金外，都应存入银行。企业开立基本存款账户后，可办理日常结算业务和存贷业务。

办理日常结算业务和存贷业务时必须先了解《银行业金融机构存取现金业务管理办法》《票据法》《票据管理实施办法》《支付结算办法》《现金管理暂行条例》《公司法》《贷款通则》等法律法规的相关内容，办理相关业务时应符合以上法律法规的相关要求。

## 一、单位存款业务

单位存款又称对公存款，是指企业、事业、机关、社会团体、部队等单位在银行开立的存款账户中的存款。单位存款包括单位活期存款、单位定期存款、单位通知存款和单位协定存款。

### 1. 单位活期存款

单位活期存款是指单位客户在银行开立结算账户并存入资金，办理不约定存期、可以随时转账及存取，并按季结息的存款。活期存款账户按用途分为基本存款账户、一般存款账户、专用存款账户、临时存款账户。

基本存款账户，是存款人因办理日常转账结算和现金收付需要开立的单位银行结算账户。

一般存款账户，是存款人因借款或其他结算需要，在基本存款账户开户银行以外的银行营业机构开立的单位银行结算账户。一般存款账户不办理现金支取业务，只可办理转账和现金存入业务。

专用存款账户，是存款人按照法律、行政法规和规章，对其特定用途资金进行专项管理和使用而开立的单位银行结算账户。

临时存款账户，是存款人因临时需要并在规定期限内使用而开立的单位银行结算账户。

### 2. 单位定期存款

单位定期存款是单位客户将资金存入银行，办理约定存期、按定期存款利率计算利息、到期一次性支取本息的存款。单位定期存款的期限分三个月、半年、一年三个档次，起存金额为1万元。

定期存款支取方式有以下几种。①到期全额支取，按规定利率一次性支取本息。②全额提前支取，银行按支取日挂牌公告的活期存款利率计付利息。③部分提前支取，若剩余定期存款不低于起存金额，则对提取部分按支取日挂牌公告的活期存款利率计付利息，剩余部分按原定利率和期限执行；若剩余定期存款不足起存金额，则按支取日挂牌公告的活期存款利率计付利息，并对该项定期存款予以清户。

单位定期存款可以约定多次自动转存。办理单位定期存款自动转存，须与银行签订转存协议。单位定期存款自动转存分为本息转存或本金转存，转存后的定期存款沿用原账号和原预留印鉴。

办理单位定期存款时，银行出具定期存款开户证实书，证实书仅对存款单位开户证实，不能作为质押的权利凭证。存款到期，银行将资金划到存款单位指定的账户。

### 3. 单位通知存款

单位通知存款是单位客户存入资金，办理不约定存期、支取时需提前通知银行，约定支取日期和金额方能支取的存款。不论实际存期多长，按存款人提前通知的期限长短分为1天通知存款和7天通知存款两种。

单位通知存款的最低起存金额为50万元，最低支取金额为10万元。

单位通知存款可一次或分次支取，留存金额不得低于起存金额，否则予以清户。

办理单位通知存款时，银行出具开户证实书，但不注明存期和利率，银行按支取日挂牌公告的相应利率水平和实际存期计息。

### 4. 单位协定存款

单位协定存款是指单位客户按照与银行约定的基本存款额度开立的结算账户，账户中超过基本存款额度的部分，银行将其转入协定账户，并以协定利率计息的一种存款。

协定存款是在原来单位活期存款的基础上延伸出来的，协定存款账户与其相对应的活期存款账户有着密切的联系，在活期存款账户的存款超过约定额度后，超过额度部分可享受协议存款利率，若活期账户销户，协定存款账户也须同时销户。

协定存款可用作融资质押物，按协议一笔一定，不自动续存及到期续存。协定存款利率一般高于活期利率，低于半年定期存款利率。

## 二、单位结算业务

单位之间商品交换的结算方式以转账或票据为主，由银行运用信用职能，通过转账结算方式办理结算。

银行结算业务即转账结算业务，简称结算，也叫支付结算，是指各单位发生款项往来，通过银行将款项从付款人账户划转到收款人账户的货币收付行为。结算主要用于单位和单位之间因商品交易、劳务供应、资金调拨所发生的款项收付。

我国目前的结算方式主要有支票、汇兑、汇票、委托收款和托收承付等。办理结算的原则是恪守信用、履约付款，谁的钱进谁的账、由谁支配，银行不垫款。支付结算实行集中统一和分级管理相结合的管理体制。中国人民银行总行负责制定统一的支付结算制度，组织、协调、管理、监督全国的支付结算工作，调解、处理银行之间的支付结算纠纷。

### 1. 支票业务

支票是出票人签发，委托办理支票存款业务的银行在见票时无条件支付确定的金额给收款人或持票人的票据。单位和个人在同一票据交换区域的各种款项结算，均可用支票。

支票上印有"现金"字样的为现金支票，现金支票只用于支取现金；且每个公司只有基本存款账户才能提现。

支票上印有"转账"字样的为转账支票，转账支票只能用于转账。转账支票是出票人签发的，委托办理支票存款业务的银行在见票时无条件支付确定的金额给收款人或持票人的票据。在银行开立存款账户的单位和个人客户，进行同城交易的各种款项结算，均可签发转账支票，委托开户银行办理付款手续。

支票的提示付款期限为自出票日起10日。持票人可以委托开户银行收款或直接向出票人开户银行提示付款。用于支取现金的支票仅限于向出票人开户银行提示付款。

### 2. 汇兑业务

汇兑业务是指汇款人委托银行将现金或账户的款项汇给异地收款人的一种结算业务。

单位和个人各种款项结算均可使用汇兑结算方式。汇兑业务可办理全国跨行业务，款项可实现实时到账。

### 3. 汇票业务

汇票业务按照出票人可分为商业汇票和银行汇票。

商业汇票是收款人或付款人（或承兑申请人）签发，由承兑人承兑，并于到期日向收款人或被背书人支付款项的票据。

银行承兑汇票是商业汇票的一种，是指由在承兑银行开立存款账户的存款人签发，向开户银行申请并经银行审查同意承兑的，保证在指定日期无条件支付确定的金额给收款人或持票人的票据。对出票人签发的商业汇票进行承兑是银行基于对出票人资信的认可而给予的信用支持。

纸质银行承兑汇票的承兑期限最长不超过6个月，电子银行承兑汇票的承兑期限最长不超过1年。承兑申请人在银行承兑汇票到期未付款的，按规定计收逾期罚息。

银行汇票是指由出票银行签发的，由其在见票时按照实际结算金额无条件付给收款人或者持票人的票据。银行汇票的出票银行为经中国人民银行批准办理银行汇票的银行。

银行汇票多用于办理异地转账结算和支取现金。银行汇票有使用灵活、票随人到、兑现性强等特点，适用于先收款后发货或钱货两清的商品交易。

### 4. 委托收款业务

委托收款是收款人委托银行向付款人收取款项的结算方式。委托收款结算方式是一种建立在商业信用基础上的结算方式，即由收款人先发货或提供劳务，然后通过银行收款，银行不参加监督，结算中发生争议由双方自行协商解决。因此收款单位在选用此种结算方式时应当慎重，应当了解付款方的资信状况，以免发货或提供劳务后不能及时收回款项。

单位和个人凭已承兑的商业汇票、债券、存单等付款人债务证明办理款项的结算，均可使用委托收款结算方式；在同城范围内，收款人收取公用事业费可以使用同城特约委托收款。收取公用事业费，必须具有收付双方事先签订的经济合同，由付款人向开户银行授权，并经开户银行同意，报经中国人民银行当地分支行批准。

### 5. 托收承付业务

托收承付结算又称异地托收承付结算，是指根据购销合同由收款人发货后委托银行向异地购货单位收取货款，购货单位根据合同核对单证或验货后，向银行承认付款的一种结算方式。托收承付只有异地托收承付方式。

单位客户在境内异地根据收付款人双方合同约定办理款项结算时，可使用托收承付。该结算方式能满足客户因单位之间的商品交易，以及因商品交易而产生的劳务供应的异地款项结算的需要。

使用该结算方式的收款单位和付款单位，必须是国有企业、供销合作社以及经营较好并经开户银行审查同意的城乡集体所有制工业企业；办理结算的款项必须是商品交易以及因商品交易而产生的劳务供应款项。代销、寄销、赊销商品款项，不得办理托收承付结算。除此之外，根据《支付结算办法》规定，办理托收承付，除符合以上的条件外，还必须具备以下三个前提条件。

（1）收付双方使用托收承付结算必须签定购销合同，并在合同中注明使用异地托收承付结算方式。

（2）收款人办理托收，必须具有商品确已发运的证明。

（3）收付双方办理托收承付结算，必须重合同、守信誉。

付款方式，有验单付款和验货付款两种。验单付款的承付期

为3天，验货付款的承付期为10天，由收付双方商量选用，并在合同中明确规定。

## 三、企业贷款业务

一个企业想正常经营、扩张，必须有足够的流动资金。向银行贷款是比较常见的筹资方式，那么企业可以申请哪些贷款类型？如何申请？

企业贷款是指企业为了生产经营的需要，向银行或其他金融机构按照规定利率和期限的一种借款方式。

企业办理贷款时需先了解贷款期限、贷款类型、贷款方式和还款方式。

### 1. 贷款期限

贷款按期限分为短期贷款、中期贷款和长期贷款。短期贷款期限在1年或者1年内（3个月以上、6个月以下为临时贷款），其特点是期限短、风险小、利率高，通常以"放款"的方式

发放，主要用于满足借款人对资金的短期需求。中期贷款期限在 1 年以上（不含 1 年），5 年以下（含 5 年），其特点是期限长、利率高、流动性差、风险大。长期贷款为 5 年以上（不含 5 年）贷款。

## 2. 贷款类型

贷款类型包括流动资金贷款和固定资产贷款。流动资金贷款是为满足生产经营者在生产经营过程中的短期资金需求，保证生产经营活动正常进行而发放的贷款。流动资金贷款期限可分为 1 年期以内的短期流动资金贷款和 1 年至 3 年期的中期流动资金贷款。固定资产贷款指银行向企（事）业法人或国家规定可以作为借款人的其他组织发放的，用于固定资产投资的本外币贷款（含房地产项目开发贷款）。固定资产贷款期限，一般不超过 5 年。

## 3. 贷款方式

贷款方式是银行对企业发放贷款的方式，按照贷款保证的不同方式，可分为信用贷款、担保贷款和票据贴现。

（1）信用贷款，指以借款人的信誉发放的贷款。

（2）担保贷款，包括保证贷款、抵押贷款、质押贷款。保证贷款，指担保人以其自有的资金和合法资产保证借款人按期归还贷款本息的一种贷款形式。抵押贷款，指以借款人或第三人有权处分的财产作为抵押物发放的贷款。质押贷款，指以借款人或第三人的动产或权利作为质物发放的贷款。

（3）票据贴现，指贷款人以购买借款人未到期商业票据的方式发放的贷款。

## 4. 还款方式

企业贷款常见的还款方式有以下几种。

（1）等额本息还款，也称定期付息，即借款人每月按相等的金额偿还贷款本息，其中每月贷款利息按月初剩余贷款本金计算并逐月结清。把按揭贷款的本金总额与利息总额相加，然后平均分摊到还款期限的每个月中。这是最为普遍的还款方式。

（2）等额本金还款，指贷款人将本金分摊到每个月内，同时付清上一交易日至本次还款日之间的利息。这种还款方式相对等额本息而言，总的利息支出较低，但是前期支付的本金和利息较多，还款负担逐月递减。

（3）一次还本付息，指借款人在贷款期内不是按月偿还本息，而是贷款到期后一次性归还本金和利息，又称为到期一次还本付息，适合贷款期限在 1 年或 1 年以下的短期贷款。

（4）按期付息还本，指借款人通过和银行协商，为贷款本金和利息归还制定不同还款时间单位，即自主决定按月、季度或年等时间间隔还款。并不是全部银行都有这种还款方式，其适合收入不稳定的借钱方。

（5）阶段性等额本息还款，指借款人在只还利息期间，按月归还利息，不归还本金；只还利息期间之后，按等额本息还款方式归还贷款。这种方式能推迟还款，不过要多付一段时间的利息。

（6）先息后本，是指借款人可以先还利息，最后一期还本金和剩余利息。这种还款方式一般只用于企业经营性贷款。

# 自学自测

## 一、选择题

1. 银行的单位存款包括哪些？（　　　）

　　A. 单位活期存款　　B. 单位定期存款　　　C. 单位通知存款　　　D. 单位协定存款

2. 单位之间商品交换的结算方式以（　　　）或（　　　）为主，由银行运用信用职能，通过转账结算方式办理结算。

　　A. 转账　　　　　　B. 存款　　　　　　　C. 票据　　　　　　　D. 网银

3. 汇票业务按照出票人来分，可分为（　　　）和（　　　）。

　　A. 商业汇票　　　　B. 银行汇票　　　　　C. 银行承兑汇票　　　D. 商业承兑汇票

4. 托收承付结算又称（　　　），是指根据购销合同由收款人发货后委托银行向异地购货单位收取货款，购货单位根据合同核对单证或验货后，向银行承认付款的一种结算方式。

　　A. 转账托收承付结算　　　　　　　　　B. 全国托收承付结算

　　C. 同城托收承付结算　　　　　　　　　D. 异地托收承付结算

5. 每个公司只有（　　　）才能提现。

　　A. 一般存款账户　　B. 基本存款账户　　　C. 专用存款账户　　　D. 临时存款账户

## 二、判断题

1. 托收承付只有异地托收承付方式。（　　　）

2. 银行汇票多用于办理同城转账结算和支取现金。（　　　）

3. 一般存款账户，是存款人因办理日常转账结算和现金收付需要开立的单位银行结算账户。（　　　）

4. 银行承兑汇票是商业汇票的一种。（　　　）

5. 支票上印有"现金"字样的为现金支票，现金支票既可支取现金又可转账。（　　　）

## 三、简答题

1. 什么是单位活期存款？

2. 单位存款业务包括哪些业务？

3. 企业贷款业务的类型包括哪些？

4. 企业贷款常见的还款方式有哪些？

5. 银行对企业发放贷款的方式有哪些？

# 课中实训

## 一、办理单位存款业务

### 1. 单位活期存款

任务描述：

银行存款的收支业务由存款单位的出纳负责办理。存款单位在银行基本存款账户中存入现金时，应填制一式两联的《现金缴款单》。

扫一扫

单位活期存款办理流程

任务实施：

| 序号 | 实施步骤 | 实施内容 |
|---|---|---|
| 1 | 提交资料 | |
| 2 | 银行办理 | |
| 3 | 领取回单 | |

### 2. 单位定期存款

任务描述：

单位客户的银行账户中有长期闲置的资金，可以考虑办理银行的定期存款，到期获得一定的利息收益。到银行办理开立单位定期存款账户，需要携带的资料包括：经过年检的营业执照正本，法定代表人授权书，预留印鉴。预留印鉴包括单位财务专用章、单位法定代表人章。

扫一扫

单位定期存款办理流程

任务实施：

| 序号 | 实施步骤 | 实施内容 |
|---|---|---|
| 1 | 提交资料 | |
| 2 | 银行办理 | |
| 3 | 领取回单 | |

### 人民币单位存款要求

根据《人民币单位存款管理办法》（银发〔1997〕485号）第七条，财政拨款、预算内资金及银行贷款不得作为单位定期存款存入金融机构。

支取定期存款只能以转账方式将存款转入企业或单位的基本存款账户，不能将定期存款用于结算，或从定期存款账户中提取现金。单位定期存款可以全部或部分提前支取，但只能提前支取一次，提前支取部分按照活期存款利息计息。

## 3. 单位通知存款

**任务描述：**

单位客户的银行账户中有暂时闲置的大额资金，可以考虑办理银行的通知存款，支取时可获得一定的利息收益。单位客户到银行办理开立单位通知存款账户时，需要携带的资料包括：营业执照正本，法定代表人授权书，预留印鉴。预留印鉴包括单位财务专用章、单位法定代表人章。

**任务实施：**

扫一扫

单位通知存款
办理流程

| 序号 | 实施步骤 | 实施内容 |
|---|---|---|
| 1 | 提交资料 | |
| 2 | 银行办理 | |
| 3 | 领取回单 | |

### 人民币单位通知存款的取款要求

存款人进行取款通知时应向开户银行提交《单位通知存款取款通知书》。提交方式有：客户本人到银行或者传真通知，但支取时须向银行递交正式通知书。

清户时，客户须到开户行办理手续，银行将账户本息以规定的转账方式转入其指定的账户。

## 4. 单位协定存款

**任务描述：**

单位客户若想获得更高的存款利息收益，可按照与银行约定的存款额度开立结算账户，账户中超过存款额度的部分，银行将其转入协定账户并以协定利率计息。凡申请开立人民币单位协定存款账户的单位，须在开户行开立基本存款账户或一般存款账户。

扫一扫

单位协定存款
办理流程

任务实施：

| 序号 | 实施步骤 | 实施内容 |
|------|---------|---------|
| 1 | 提交资料 | |
| 2 | 银行办理 | |
| 3 | 领取回单 | |

## 二、单位结算业务

### 1. 支票业务

任务描述：

单位之间商品交换的支付结算可采用支票结算。单位客户使用支票办理转账或现金支取，须事先在银行开立有基本存款账户或专用账户，且账户中有一定资金。

任务实施：

| 序号 | 实施步骤 | 实施内容 |
|------|---------|---------|
| 1 | 购买支票 | |
| 2 | 提交资料 | |
| 3 | 银行办理 | |
| 4 | 领取回单 | |

扫一扫

单位支票业务办理流程

### 2. 汇兑业务

任务描述：

单位客户需要办理全国范围内的实时到账的跨行结算业务时，单位客户作为汇款人可委托银行将现金或账户的款项汇给异地收款人。

扫一扫

单位汇兑业务办理流程

任务实施：

| 序号 | 实施步骤 | 实施内容 |
|------|----------|----------|
| 1 | 提交资料 | |
| 2 | 银行办理 | |
| 3 | 领取回单 | |

### 3. 汇票业务

任务描述：

由银行承诺到期付款的汇票称为银行承兑汇票；由收款人开出经付款人承兑，或由付款人开出并承兑的汇票称为商业承兑汇票。由于市场经济所必需的信用体系在我国尚未完全建立，商业承兑汇票使用范围并不广泛，我们经济生活中大量使用的是银行承兑汇票。

扫一扫

单位汇票业务办理流程

任务实施：

| 序号 | 实施步骤 | 实施内容 |
|------|----------|----------|
| 1 | 签订交易合同 | |
| 2 | 签发汇票 | |
| 3 | 汇票承兑 | |
| 4 | 支付手续费 | |

### 4. 委托收款业务

任务描述：

凡在银行开立账户的单位和个体经济户的商品交易，公用事业单位向用户收取水电费、邮电费、煤气费、公房租金等劳务款项以及其他应收款项，无论是在同城还是异地，均可使用委托收款的结算方式。收款单位应在有关债务凭证到期前办理委托收款业务。

扫一扫

单位委托收款业务办理流程

任务实施：

| 序号 | 实施步骤 | 实施内容 |
|---|---|---|
| 1 | 提交资料 | |
| 2 | 银行办理 | |
| 3 | 领取回单 | |

### 5. 托收承付业务

任务描述：

当单位客户在异地有经济合同的商品交易及相关劳务款项的结算时，根据双方签订的购销合同，由收款方单位客户发货后委托银行向异地付款方收取款项，由付款方向银行承认付款。

任务实施：

| 序号 | 实施步骤 | 实施内容 |
|---|---|---|
| 1 | 提交资料 | |
| 2 | 银行办理 | |
| 3 | 领取回单 | |

扫一扫

单位托收承付业务
办理流程

## 三、企业贷款业务

任务描述：

一个企业的做大做强离不开资金的流通和运转，充足的资金是保证一个企业正常运作的基础。对于一个企业来说，除了融资合作以外，贷款是一个重要的资金来源。

扫一扫

企业贷款业务办理
流程

任务实施：

| 序号 | 实施步骤 | 实施内容 |
|---|---|---|
| 1 | 提交申请 | |
| 2 | 银行评估 | |
| 3 | 银行审批 | |
| 4 | 签订合同 | |
| 5 | 发放贷款 | |

**知识拓展**

**贷款限制**

根据《贷款通则》的规定，借款人不得在一个贷款人同一辖区内的两个或两个以上同级分支机构取得贷款。不得向贷款人提供虚假的或者隐瞒重要事实的资产负债表、利润表等。不得用贷款从事股本权益性投资，国家另有规定的除外。不得用贷款在有价证券、期货等方面从事投机经营。除依法取得经营房地产资格的借款人以外，不得用贷款经营房地产业务；依法取得经营房地产资格的借款人，不得用贷款从事房地产投机。不得套取贷款用于借贷牟取非法收入。不得违反国家外汇管理规定使用外币贷款。不得采取欺诈手段骗取贷款。

# 课程思政

### 合理运用金融管理理念，树立正确的社会财富观

传统企业为何越来越难做？以前，一个产品从设计生产到销售给客户，整个产业链路径是将制造商的产品卖给品牌商，品牌商再卖给渠道商，渠道商最终通过经销商卖给客户，每个环节是封闭的，客户很难获取相关信息，甚至出现暗箱操作。当企业决定投资时，首先考虑投资项目对自己是否有好处，需要投入多少资金、时间、精力等。核算企业已发生或承诺无法回收的成本支出，如因失误造成的不可收回的投资这就是"沉没成本"。同时，企业也会计算每当产量增加一个单位，总成本要增加多少，这就是边际成本。沉没成本决定企业如何看待过去，边际成本决定了企业如何对待现在。传统企业如果只考虑沉没成本和边际成本，尤其是外贸型制造企业，会受到上下游的限制，企业未来负担会越来越重，例如用工成本、材料成本越来越高，税率负担重，利润越来越低，风险越来越大，导致其难以发展。

把金融管理理念运用到企业经营管理过程中，可以保证企业资金安全运行，给企业创造更多的效益。

一是加强资金回收管理。企业需要对合作企业资历和资金情况进行评估，对合作企业盈亏情况有所了解，综合评估利益，思考经营方式，保证企业资金可以实现增值，促进资金快速回收，降低资金风险，给企业今后经营发展提供充足资金支持。

二是扩充企业融资渠道。融资是企业金融管理中的核心内容，企业在开展融资业务时，需要采用多元化方式，除了向金融机构融资外，也可以通过吸引投资商的方式融资。

三是强化企业金融管理。在企业经营管理过程中，需要结合金融管理需求，在内部设定专业的金融管理部门，负责金融管理活动，科学制定管理方案，规范企业金融管理过程。并且，在金融管理过程中，运用信息化管理方式，通过建设金融管理信息系统，对财务信息进行整合，对金融管理过程进行把控，避免出现管理问题。

# 实训项目评价

技能评价表

| 分类 | 作品 | 评价指标 | 达标 | 未达标 |
|---|---|---|---|---|
| 文案写作 | 单位活期存款 | 能够根据国家相关规定，正确填写《现金缴款单》 | | |
| | 支票业务 | 能够根据国家相关规定，正确填写《现金支票》《转账支票》《进账单》 | | |
| | 汇兑业务 | 能够根据国家相关规定，正确填写一式四联《信汇凭证》或一式三联《电汇凭证》 | | |
| | 委托收款业务 | 能够根据国家相关规定，正确填写《银行委托收款结算凭证》 | | |
| | 托收承付业务 | 能够根据国家相关规定，正确填写《托收承付结算凭证》 | | |
| | 单位贷款业务 | 能够根据国家相关规定，正确填写《贷款申请书》和《贷款合同》 | | |
| 实操展示 | 单位存款业务全流程 | 能够顺利完成单位存款业务办理全流程，按照相关要求，提交相关资料 | | |
| | 单位结算业务全流程 | 能够顺利完成单位结算业务办理全流程，按照相关要求，提交相关资料 | | |
| | 企业贷款业务全流程 | 能够顺利完成企业贷款业务办理全流程，按照相关要求，提交相关资料 | | |

素质评价表

| 分类 | 素质点 | 评价指标 | 达标 | 未达标 |
|---|---|---|---|---|
| 自评 | 创新意识 | 善于思考，能够提出新想法、新建议和新策略 | | |
| | 团队协作精神 | 能够服从组织分工，和团队成员相互协作，共同完成任务 | | |
| | 自主学习能力 | 能够发现问题，并借助各种资源等自主学习更多解决问题的方法 | | |
| | 交流沟通能力 | 能够很好地表达自己的观点，并善于倾听；可以和领导、同事、客户等实现有效沟通 | | |
| | 职场行为规范与职业道德 | 遵守基本的职场行为规范和商业伦理，养成良好的职业习惯，塑造优秀的职业人品格 | | |
| 互评 | 创新意识 | 善于思考，能够提出新想法、新建议和新策略 | | |
| | 团队协作精神 | 能够服从组织分工，和团队成员协商合作，共同完成任务 | | |
| | 自主学习能力 | 能够发现问题，并借助各种资源等自主学习更多解决问题的方法 | | |
| | 交流沟通能力 | 能够很好地表达自己的观点，并善于倾听；可以和领导、同事、客户等实现有效沟通 | | |
| | 职场行为规范与职业道德 | 遵守基本的职场行为规范和商业伦理，养成良好的职业习惯，塑造优秀的职业人品格 | | |

# 课后提升

### 格力模式：使命驱动价值创造的经营之道

提到格力，"好空调、格力造""格力掌握核心科技""让天空更蓝、大地更绿""让世界爱上中国造"等耳熟能详的广告语早已深入人心。近 30 年来，珠海格力电器股份有限公司（以下简称"格力"）从名不见经传的小厂逐步发展成为千亿元规模的世界级企业，创造了众多奇迹，形成了独特的发展模式。

什么是格力模式？格力模式是格力以缔造全球先进工业集团、成就格力百年世界品牌为愿景，坚定改变掌控未来、奋斗永无止境的信念，坚守专注主义，倡导三公三讲，遵循八严方针，以掌握核心科技、锻造完美质量为双轮驱动，通过独特的营销模式传递和提升价值，坚持自主育人、自主创新、自主生产，使命驱动价值创造，让世界爱上中国造的经营之道。

格力的成功之道可以阐释为五大基因组合，包括理念（持先进的理念引领发展）、制度（以科学的制度严格要求）、队伍（让优秀的队伍通力合作）、创新（用持续的创新赢得优势）和组织（建卓越的组织支撑发展），以及格力在企业经营管理实践中探索和创建的 20 项管理原则和58 种方法。由此，格力的管理模式可以表述为五大基因组合、20 项管理原则和源方法、准则、机制、技术四大类共 58 种方法，简称"5258"法则。

**思考题：**格力的成功密码是什么？在企业经营过程中，可以运用或借鉴哪些管理模式？

# 项目十二 企业审计业务

## 教学目标

知识目标
- 了解企业需接受审计的情形；
- 理解会计和审计的区别；
- 熟悉常见的审计类型。

能力目标
- 能够与会计师事务所签订审计业务约定书；
- 能够与会计师事务所在审计过程中进行沟通；
- 能够将审计报告运用到企业所需场景。

素质目标
- 能够自主学习、独立思考、乐于创新，主动发现问题并解决问题；
- 具备基本的时间管理能力和信息处理能力，能够运用正确的方法和技巧掌握新知识、新技能；
- 具有团队精神，善于交流沟通，能顺利完成不同岗位之间的分工协作；
- 能恪尽职守，热爱本职工作，增强职业意识，形成职业习惯；
- 拥有创造价值、回报社会的责任感和服务国家、服务人民的理想抱负。

# 课前自学

企业成立后经过一段时间的经营，财务报表是否能真实反映企业的经营业绩？作为初创企业是否一定需要接受审计？审计报告对企业而言究竟有何作用？企业需要在经营一段时间后，关注与审计相关的业务。

## 一、需接受审计情形

企业什么时候需要接受审计呢？需要根据企业性质来判断。根据规定，以下类型的企业的财务报表必须接受会计师事务所审计：一人有限责任公司；外资企业、上市股份有限公司；从事金融、证券、期货的企业；长期欠债或亏损的企业；从事保险、创业投资、验资、评估、担保、房地产经纪、出入境中介、外派劳务中介、企业登记代理的企业；三年内有虚报注册资本、虚假出资、抽逃出资违法行为的企业；其他类型的企业，则可以自愿决定是否接受审计。

## 二、审计与会计的关系

### 1. 审计与会计的区别

审计主要是对会计凭证、会计账簿和会计报表等财务会计资料及其所反映的财政、财务收支活动的真实、合法、效益进行审查和评价，最后出具审计报告，交由第三方使用者使用。会计活动是经济管理的重要组成部分，它本身是审计监督的主要对象。无论中外，都是先有会计而后有审计的。会计是企业经济活动信息的反映和输出，而审计是对这些信息进行审查，以验证和核实这些信息的真实性。

### 2. 审计与会计的联系

（1）审计与会计都必须借助会计方法和会计技巧。会计利用各种会计方法完成会计工作，而审计则运用会计方法去复核和审查会计工作。因而会计方法，同时是审计和会计的工具。

（2）审计与会计的工作对象都是会计资料。《企业会计准则》和《会计法》规定会计核算是由原始凭证到编制会计报表，构成企业会计工作的对象是一系列的会计资料。而审计的直接对象是企业编制的会计报表，同样要审查相关的由原始凭证到账册反映的经济和会计数据，所以审计和会计的工作对象都是会计资料。

（3）审计与会计工作范围同样涉及企业内部管理制度。企业的会计工作，必须遵照《会计法》和《企业会计准则》的规定。而审计员在审计过程中，同样要涉及企业的内部控制制度。与企业财务会计相同的是，审计人员关心并进行研究、评价的也主要是与企业会计信息形成和输出相关的各项内部控制制度。

（4）审计与会计同样对企业经营管理活动进行监督。在会计核算工作中，不仅反映已发生的经济活动，还要对这些经济活动进行是否符合会计制度和企业经营目标的监督，这是企业主动的监督。而审计工作，也依据有关法律、法规和内部管理制度，检查企业的会计资料及其反映的经济活动。这是被动的监督，也是对企业财务会计监督的内容进行再监督。

（5）审计与会计同样要求提高经济效益。在一定程度上，会计核算的监督是第一监督（主要是事前监督），而审计监督是第二监督（主要是事后监督，要求纠正）。在这些监督工作过程中，针对已发现的经济业务及其涉及的相关内部控制制度的各种问题，需要及时向企业管理部门提出改进意见，以改善企业的经营管理，提高经济效益。

## 三、审计的类型

审计可以按照审计主体、审计对象、审计执行地点、审计范围等分为不同的类型，常见的是按审计主体分类。

（1）政府审计，指政府审计部门对政府部门和国有企事业单位的财政、财务收支及其有关经济活动的真实性、合规性和效益性进行的审查。常见的是审计署、审计厅、审计局开展的各项审计活动。

（2）内部审计，指由企业部门、专职审计机构的专职审计人员进行的审计。常见的是企业内设的审计部进行的审计。

（3）注册会计师审计，指经过批准注册的会计师事务所接受审计委托人的委托，对被审计单位的审计事项进行的审计。常见的是报表审计，财务服务、税务咨询等业务。

# 自学自测

## 一、选择题

1. 根据规定必须接受审计的公司类型包括（　　）。
   A. 一人有限责任公司　　　　　　　　　B. 上市股份有限公司
   C. 外资公司　　　　　　　　　　　　　D. 保险公司

2. 审计按执行地点分类包括（　　）。
   A. 就地审计　　　　B. 报送审计　　　　C. 簿籍审计　　　　D. 电算化审计

3. 会计方法包括（　　）。
   A. 设置账户　　　　B. 复式记账　　　　C. 成本计算　　　　D. 财产清查

4. 下列属于按审计范围进行分类的是（　　）。
   A. 成本审计　　　　B. 现金审计　　　　C. 应付职工薪酬审计　D. 收入审计

5. 经济效益审计内容包括（　　）。
   A. 经营方针合理性　B. 管理水平　　　　C. 生产经营成果　　D. 资源利用

## 二、判断题

1. 无论中外，先有会计，后有审计。（　　）
2. 政府审计是只针对政府部门的审计。（　　）
3. 审计过程中涉及企业的内部控制制度。（　　）
4. 会计的对象主要是资金运动过程，审计的对象主要是会计资料和其他经济信息所反映的经济活动。（　　）
5. 审计的目的在于证实财政、财务收支的真实、合法、效益，审计检查会计资料只是实现审计目的的手段之一，但不是唯一的手段。（　　）

## 三、简答题

1. 审计按其对象分类，包括哪些类别？

2. 审计产生的原因是什么？

3. 审计与会计的区别是什么？

4. 如果你是企业负责人，你是否愿意主动接受审计？为什么？

5. 接受审计，对企业有什么好处或者作用？

# 课中实训

## 一、聘请会计师事务所

任务描述：

经过一段时间的生产经营，企业所有者会对管理者的生产经营情况进行检查，最佳的方式是聘请会计师事务所进行财务报表审计。企业在聘请会计师事务所时，需要经过企业内部一系列的相关流程和决策。

任务实施：

| 序号 | 实施步骤 | 实施内容 |
|---|---|---|
| 1 | 提出申请 | |
| 2 | 管理层决策 | |
| 3 | 发布招聘信息 | |
| 4 | 最终决策 | |

## 二、签订审计业务约定书

任务描述：

选择会计师事务所后，需要签订审计业务约定书。审计业务约定书属于格式合同，需要企业与会计师事务所对合同的内容进行充分沟通。

任务实施：

扫一扫

审计业务约定书
参考模板

| 序号 | 实施步骤 | 实施内容 |
|---|---|---|
| 1 | 合同评审 | |
| 2 | 合同签订 | |

## 三、管理层沟通及建议

任务描述：

在财务报表审计过程中，针对发现的问题，会计师事务所需要与企业进行充分沟通。在此基础上，针对存在的问题，会计师事务所需要提出专业的建议，企业根据提出的建议结合自身情况，予以整改。

任务实施：

| 序号 | 实施步骤 | 实施内容 |
|---|---|---|
| 1 | 问题汇总 | |
| 2 | 沟通建议 | |
| 3 | 问题整改 | |

## 四、接受审计报告

任务描述：

经过审计，会计师事务所会提交一份审计报告给企业，企业会根据相关规定使用或对外报送。

任务实施：

| 序号 | 实施步骤 | 实施内容 |
|---|---|---|
| 1 | 审计报告初步意见 | |
| 2 | 决策表决 | |
| 3 | 使用或报送 | |

扫一扫

财务报表审计业务流程

# 课程思政

### 做好资本市场的"看门人"

理想信念是人们精神和行为的发动机，是前进的引擎。会计信息是企业经营和发展情况的综合体现，信息的客观公允关系到政府部门、投资者、债权人、社会公众能否做出正确的决策。注册会计师是会计信息质量的重要鉴证者，是市场经济秩序的重要维护者，也是企业提高经营管理水平的重要参谋，是我国社会经济监督体系的重要组成部分。注册会计师在确保经济数据的真实、准确，及时发现风险所在，促进资本市场的健康发展，防范系统性金融风险、维护国家的金融安全方面做出了积极贡献。

注册会计师是资本市场的"看门人"，做好"看门人"先要做到独立、客观、公正地进行专业服务，遵循职业道德。加强注册会计师行业诚信建设，强化独立、客观、公正的职业特性，保障市场经济秩序的稳定规范，促进社会公平正义，是注册会计师担当社会责任的重要体现。然而，现在许多会计师事务所在获得高额审计费用后，并未履行其审计职能，没有实现审计目标，出现各种各样的审计失败案例。

2016 年以来，会计师事务所受到中国证监会处罚的 15 起案例中有 3 起是对重组资产进行虚假陈述；有 3 起是对首次公开募股申报财务数据进行虚假陈述；有 9 起是因为避免退市对财务数据进行虚假陈述。尽管上市公司造假行为的系统性、隐蔽性使得注册会计师发现造假行为越来越困难，但对审计失败案例进行分析可以发现失败的主要原因在于未函证、未实施分析程序、证据搜集不足。审计人员未能严格遵守审计准则实施重要审计程序，未能保持审计工作中的谨慎性和职业判断，审计人员的专业胜任能力有所欠缺是审计失败的内因。

新形势、新环境、新要求为审计工作带来了新的机遇和挑战。在学习理论知识的基础上，鼓励学生在实践中创新审计思路，丰富审计方法，改变以往固化的审计模式，从被审计单位具体工作业务出发，利用信息化手段，进行大数据分析，主动出击，有的放矢。

# 实训项目评价

技能评价表

| 分类 | 作品 | 评价指标 | 达标 | 未达标 |
|---|---|---|---|---|
| 文案写作 | 聘请会计师事务所决策流程图 | 能对聘请会计师事务所的流程进行梳理,并掌握相关流程的内容 | | |
| | 审计业务约定书 | 能对合同评审、合同签订环节的内容进行审核 | | |
| | 管理层沟通建议书 | 沟通问题汇总完整,问题反馈合理,整改问题的措施恰当 | | |
| | 审计报告报出流程图 | 管理层对审计报告的决策流程合理 | | |
| 实操展示 | 审计业务约定书 | 能够顺利完成审计业务约定书的签订,对合同的评审规范,具备一定的合同谈判能力、问题沟通与反馈能力、时间管理能力等 | | |

素质评价表

| 分类 | 素质点 | 评价指标 | 达标 | 未达标 |
|---|---|---|---|---|
| 自评 | 创新意识 | 善于思考,能够提出新想法、新建议和新策略 | | |
| | 团队协作精神 | 能够服从组织分工,和团队成员相互协作,共同完成任务 | | |
| | 自主学习能力 | 能够发现问题,并借助各种资源等自主学习更多解决问题的方法 | | |
| | 交流沟通能力 | 能够很好地表达自己的观点,并善于倾听;可以和领导、同事、客户等实现有效沟通 | | |
| | 职场行为规范与职业道德 | 遵守基本的职场行为规范和商业伦理,养成良好的职业习惯,塑造优秀的职业人品格 | | |
| 互评 | 创新意识 | 善于思考,能够提出新想法、新建议和新策略 | | |
| | 团队协作精神 | 能够服从组织分工,和团队成员协商合作,共同完成任务 | | |
| | 自主学习能力 | 能够发现问题,并借助各种资源等自主学习更多解决问题的方法 | | |
| | 交流沟通能力 | 能够很好地表达自己的观点,并善于倾听;可以和领导、同事、客户等实现有效沟通 | | |
| | 职场行为规范与职业道德 | 遵守基本的职场行为规范和商业伦理,养成良好的职业习惯,塑造优秀的职业人品格 | | |

# 课后提升

## 康得新财务造假

康得新全名为康得新复合材料集团股份有限公司，于 2001 年 8 月成立，是深圳中小板上市公司，由康得投资集团有限公司持股 53.16%。康得新有三大主要业务，分别是以预涂材料和光电材料为核心的新材料，以感知现实、3D、大屏触控技术为中心的智能显示，以及碳纤维业务。

康得新的全年营业收入从 2007 年的 1.64 亿元攀升到 2010 年的 5.24 亿元，4 年间涨幅近 219.51%，显示出良好的发展态势。2011 年上市后，康得新的股价不断攀升，2017 年在蓝筹牛市中创下历史新高，涨幅达 27 倍，一度被誉为"中国的 3M"和"千亿白马股"。

然而，一切终止于 2019 年 1 月 15 日，康得新手握"巨额现金"却无法足额偿付 10 亿元短期融资券本息。随后，康得新的股票因银行账号被冻结而触发深交所规定中的其他风险警示情形，被纳入"退市风险警示股票"名单。直到中国证监会向康得新下发《中国证券监督管理委员会行政处罚及市场禁入事先告知书》，一场精心策划的百亿元级财务造假大案引起了全社会的广泛关注。

2019 年 1 月 23 日开市起，康得新一夜之间变"ST 康得新"，15 万股民震惊，其股价跌至每股 3.52 元，跌幅达 80%。康得新的造假手法主要有虚构收入、虚增预付账款、虚构货币资金、隐瞒关联担保情况、隐瞒募集资金使用 5 个方面。

**思考题**：康得新财务造假的原因主要有哪些？在企业的经营过程中，如何把好财务关？

# 第三篇　创业反思

## 项目十三　创业评价

### 🔍 教学目标

**知识目标**
◆ 了解创业评价的基本流程；
◆ 掌握创业投资对象评价的指标体系；
◆ 掌握创业评价体系的构建方法。

**能力目标**
◆ 能够对创业者进行客观的评价；
◆ 能够基于评价目的构建一个完整的企业评价体系；
◆ 能够对初创企业进行客观的评价。

**素质目标**
◆ 能够自主学习、独立思考、乐于创新，主动发现问题并解决问题；
◆ 具备基本的时间管理能力和信息处理能力，能够运用正确的方法和技巧掌握新知识、新技能；
◆ 具有团队精神，善于交流沟通，能顺利完成不同岗位之间的分工协作；
◆ 能恪尽职守，热爱本职工作，增强职业意识，形成职业习惯；
◆ 拥有创造价值、回报社会的责任感和服务国家、服务人民的理想抱负。

## 课前自学

评价是从特定的目的出发，根据一定的标准，通过特定的程序对已经完成或正在从事的工作（或学习）进行检测，找出反映工作（或学习）进程的质量或成果的水平的资料或数据，从而对工作（或学习）的质量或成果的水平做出合理的判断。而创业评价主要是从合适的角度针对创业的相关主体采用科学的方法进行评价，起到诊断、激励、导向（发展性评价）、监控（水平性评价）、比较（选拔性评价）等作用。

### 一、创业评价的相关概念及流程

从评价主体来看，创业评价可以针对创业者、创业项目、初创企业等；从评价角度来看，可以从初创企业的商业模式、运营绩效、信用评级、风险投资价值等各方面进行评价；从评价方法来看，可以采用综合评分法进行评价。评价流程如图 13-1 所示。

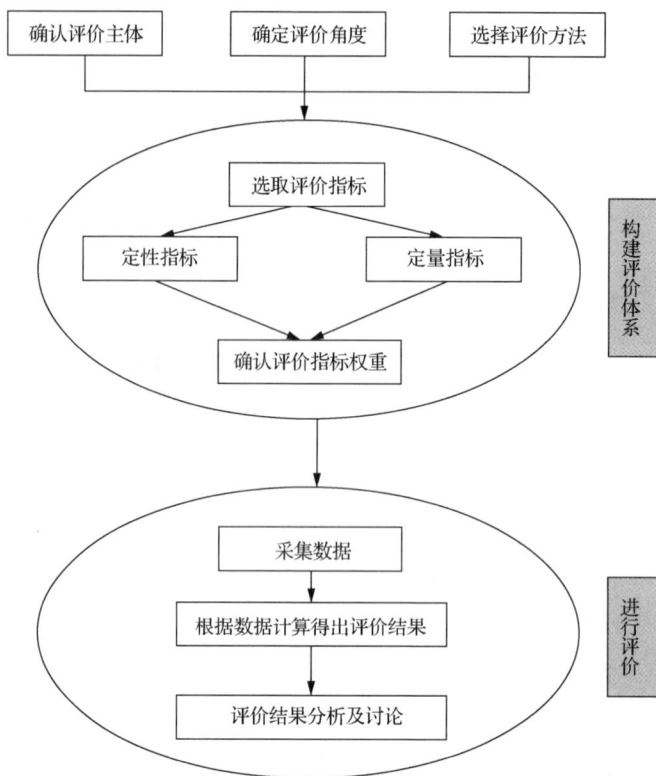

图 13-1　评价流程

# 二、构建创业评价体系全过程

在进行创业评价时，我们应该确认评价主体，明确评价目的、确定评价角度，选择评价指标来构建评价体系。

## 1．构建评价体系的基本原则

创业评价体系的建立是一个系统化的工作，评价工作中要考虑众多因素。对每一个要考虑的因素都要精确确定其在项目评价中的重要性，是一件很困难的事情。因而在构建评价体系的过程中，在能够反映评价对象特点的前提下，按照一定的设计原则，尽量使评价体系简单明了，抓住主要因素，忽略次要因素，使其具有良好的可操作性。

构建评价体系主要遵循的原则如下。

（1）系统性原则。

在创业评价时，关键因素很多，要系统性地考虑各个因素之间的相互关系。从系统论的观点出发，系统是一个多要素相互作用、相互联系的有机整体，各部分并非孤立存在。建立一个良好的评价指标体系也必须综合、平衡地考虑各个方面的因素。

（2）科学性原则。

评价体系的科学性是结果准确合理的基础，主要体现为：指标如实反映了评估对象的特征；指标的概念正确，含义准确；评价模型的层次和结构合理；指标体系中的指标比较独立和全面。

（3）简单实用原则。

虽然从理论的角度，可以设计出一个较为理想的评价模型，但在实践中，要考虑计算量的大小，考虑数据采集的难易程度，考虑指标量化的难易程度，以便操作，避免人为因素影响评价结果。在设计评价模型时一定要充分考虑指标的实用性和可操作性。

（4）关键因素原则。

在全面的基础上，应尽可能选择具有足够代表性的综合指标和专业指标，以便比较准确、简洁地表述项目的特征。

（5）定性定量相结合的原则。

创业评价面临的问题均是复杂的决策问题，需要考虑很多因素。这些因素，有些是定性的，有些是定量的，且定性定量因素又是相互影响的。为了提供科学的决策，必须综合考虑这些因素，这样就需要用系统的方法通过对研究对象的决策过程、对影响因素的深入分析，建立一个定性定量相结合的评价体系，力求做到定性定量的协调统一。

（6）互斥性与有机结合的原则。

指标之间不应有很强的相关性，不应出现过多的信息包含而使指标内涵重叠。但指标之间完全无关就无法构成一个有机的整体，因此指标之间应具有逻辑关系。

**2. 确认评价主体、评价角度及评价方法**

我们从创业投资者的角度出发，探讨如何对创业投资对象进行评价。一个创业企业做得好不好？有没有发展前景？值得对其进行投资吗？对这些问题的回答就是对创业企业直观的评价。

创业投资企业出资，筛选具有专门技术或创意却无法筹得资金的新建企业或潜力企业，并承担创业企业的高风险项目，创业投资企业以专业知识主动参与经营，使创业企业能够健全经营、迅速成长。创业投资企业筛选的企业或项目就是创业投资项目。

运用多个指标对多个参评单位进行评价的方法，称为多变量综合评价方法，或简称综合评价方法。其基本思想是将多个指标转化为一个能够反映综合情况的指标来进行评价。由于综合评价法具有结果简明的特点，我们选择采用综合评价法-加权综合法进行评价。

**扫一扫**

了解波特钻石模型

**3. 选取评价指标**

根据波特钻石模型，我们构建了创业投资企业投资对象评价的钻石模型，如图 13-2 所示。

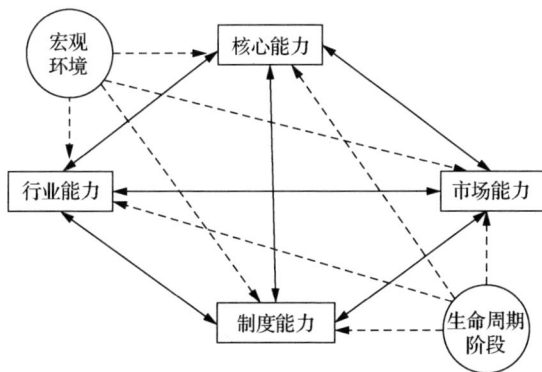

图 13-2 创业投资企业投资对象评价的钻石模型

在创业投资企业投资对象评价的钻石模型中，决定创业投资企业选择投资对象的四个内生因素分别是：行业能力、核心能力、市场能力、制度能力。除了这四个内生因素之外，宏观环境与生命周期阶段是两个外生变量。在创业企业的发展中宏观环境是外生的，是创业投资企业无法控制的。这里的生命周期阶段指的是创业企业的生命周期阶段，也可以看作外生的，它虽然有固定的规律，但不能随便改变。

通过模型，我们选取以下指标作为评价指标。①企业家——创业企业家能力、管理团队能力。②核心能力——技术水平、财务评价、产品特性。③市场状况——市场能力、竞争能力、销售能力。④制度与战略——企业制度、企业战略。⑤外部环境——宏观经济周期、政策法律的完备性和稳定性、行业因素、地区因素等。

（1）企业家。

① 创业企业家能力。

企业家的背景经历和行业经验直接关系到其对创业项目行业的了解和熟悉程度，关系到投资项目成功的可能性。是否有优秀的创业背景和经历、是否掌握所创项目行业的关键技术，是衡量创业企业家综合素质的标准。

企业家是创业团队的带头人，应该具有为了实现团队目标对他人产生影响的能力，具有鼓舞并激励人们超越自己的正常绩效水平的才能。领导能力来源于个人因素，如个人的兴趣、目标、责任感和价值观等。要关注以下方面：企业家是否全身心地投入研发经营此项目；在处理问题时，是否能够勇于承担责任，及时分析改正错误；对事情的处理是否具有严谨的态度；是否能够认识到团队成员的需要和关注点，帮助团队成员用新方法解决老问题，鼓励他们对现状提出质疑，从而经常带来创新或变革。

② 管理团队能力。

创业企业的发展是一个系统工程，涉及战略、策略、具体执行，以及技术、财务、营销等方面。一个方面成为短板则影响整个企业的发展。所以，能力再强的企业家也需要依靠得力的管理团队共同努力。协助企业家完成既定任务，要求管理团队成员不仅具有一定的数量，而且具有一定的质量。这样企业家和管理团队才能形成一个团结有力的组织。

（2）核心能力。

① 技术水平。

从创业投资诞生发展至今，创业投资企业一般多投资于技术性企业。这些企业的技术具有一定的创新性，可以认为是新兴技术。这些技术可能不是现在市场的主流，但是在某些方面或者全部方面有比现行同类技术更好的特征，即具有技术先进性。所以，这些技术有可能成为创业企业未来发展的核心能力。除了先进性以外，创业投资企业还要考虑技术的可靠性与适用性。另外，为了使创业企业未来的发展具有一定的优势，其技术也要具有一定程度的不可替代性，或者短期的不可替代性。如果其技术能够被其他企业的技术替代，创业企业就没什么独特的竞争力了。

② 财务评价。

财务状况反映出一个企业应用市场、应用资产、应用管理的综合能力，对财务状况的关注应不亚于对技术水平和产品特性的关注。所以，我们把财务状况作为创业投资企业选择投资对象时，考察创业企业核心能力的一个指标。

对创业投资企业来说，如果创业企业未来的财务状况不好，即使其他方面再好也不能成为投资对象。财务状况是创业投资企业评价创业企业核心能力的一个重要指标。创业投资企业关心创业企业近年的财务状况，因为近年的财务状况能够反映创业企业的运行以及其他方面的情况。创业投资企业更关注创业企业未来的收益率。未来预期有好的收益率，也是创业企业的一种核心能力。

③ 产品特性。

产品是一个企业生存的基础。创业企业的产品要有核心能力，需要有良好的性能，或者未来有比其竞争者产品更好的性能、更低的价格。这是战略制胜的一个条件。同时，要保持产品的差异性，这些差异就是企业的核心能力的体现。如果创业企业需要保持核心能力，必须使产品不易被模仿。

（3）市场状况。

① 市场能力。

创业企业的生存和发展依靠其生产的产品和服务，没有市场需求的产品和服务就是一堆废品。创业企业的产品和服务要有一定的市场需求。在市场竞争中，一个产品进入市场可能会遭遇壁垒，有资金壁垒、技术壁垒、环保壁垒、政策壁垒等。如果创业企业因为壁垒问题而无法进入市场，创业投资企业将会血本无归。一般创业投资企业会考虑市场进入的难易程度以及进入的渠道问题。对创业投资企业来说，创业企业生产的产品和服务有市场需求还不够，还要具有一定的市场容量或巨大的市场潜在容量。

② 竞争能力。

创业企业要想获得持续的生存和发展，仅有市场能力也不行。如果创业企业生产的产品在市场上没有竞争力，这些现有市场和潜在市场只能是竞争对手的市场，而不是自己的市场。因此，创业投资企业在评价创业企业时，需要考虑其竞争状况。决定创业企业竞争状况的因素有：现有竞争对手状况、潜在的竞争者等。现在同行业中竞争对手的数量越多，竞争程度可能越大；同行业竞争对手实力越强，竞争程度可能越大。现有竞争对手状况是创业企业当期能否获得收益以及能获得多大收益的一个影响因素。创业投资企业更关注的远期利益，主要看未来市场的竞争状况，而这是由未来潜在的竞争者所决定的。

③ 销售能力。

市场状况分析中，有了市场需求就需要有竞争能力，有了竞争能力还不够，按照价值链理论，还需要创业企业生产的产品和服务能够最终转化为现实利润。现实中，有市场需求，有一定竞争力，但是在最终的转化阶段做得不好而被淘汰的企业比比皆是。因此，市场状况分析中销售能力也是创业投资企业评价创业企业的一个重要指标。关于销售能力的评价，可以查看创业企业以往的市场占有率和销售网络，其在一定程度上能够反映创业企业的销售状况。评价创业企业未来的销售能力需要考虑其未来的营销策略，对创业企业当期和未来的销售策略进行考评可以在一定程度上预测其未来的销售能力。

（4）制度与战略。

① 企业制度。

企业制度是维系企业作为独立组织存在的各种社会关系的总和，是企业有序化运作的体制框架，是企业构成机构及其员工的行为准则，是企业经营活动的保证。创业企业的制度要求能够反映企业员工的共同意愿，能够规定产权所有者对企业的约束力。创业投资企业评价创业企业的制度时，首先需要考察制度历史发展状况，其次需要考察治理结构，这样才能保证给予企业家和管理团队一定的空间，让他们在这个空间中施展拳脚。

② 企业战略。

企业战略是企业根据环境的变化以及本身的资源和实力选择合适的经营领域和产品，形成自己的核心竞争力，借此在竞争中取得立足之地进行的整体规划。它具有指导性、全局性、长远性、竞争性、系统性和风险性六大主要特征。创业投资企业关心创业企业是否有长远的发展战略，创业企业发展战略是否具有科学性、合理性以及可实现性等，因为发展战略关系到创业企业的生存、发展以及获利。战略中与创业投资企业更为相关的，也是创业投资企业更为关心的是创业企业的盈利模式，好的盈利模式是创业企业发展兴盛的关键，而不好的盈利模式则很难实现创业投资企业对创业企业发展的预期目标。

（5）外部环境。

① 宏观经济周期。

研究发现，在宏观经济形势不好的情况下，创业投资企业对投资对象的评价较为悲观，投资更为谨慎；反之，在宏观经济形势好的情况下，创业投资企业对投资对象的评价较为乐观，投资更看重收益性。所以，宏观经济形势不同，创业投资企业对投资对象的评价就不同。

② 政策法律的完备性和稳定性。

创业投资与国家情况关系非常密切，一个企业要想在某个环境中立足，既要符合国家的政策，又要符合当地政府的制度。所以相关的法律政策是否齐全、是否完善、是否稳定，所投项目在所在地有多少有关此项目或相关项目的扶持政策，政府的态度等，与投资评价密切相关，直接影响投资成功与否。

③ 行业因素。

选择项目时，先要看项目所在行业是朝阳行业还是夕阳行业。创业投资面对的是新技术的研发，夕阳行业研发新技术的风险更高，利润更小。

行业发展速度的快慢影响投资项目种类的选择，具有不同风险偏好的创业投资企业，投资的行业不同。如电子行业，其发展速度很快，但其研发周期比较长，不确定性很高，很多竞争者同时在研发新技术，其很有可能错过进入市场的最佳时机，投资风险相对别的行业更大。

④ 地区因素。

地域情况关系到产品生产销售的难易程度。在哪里投资，是创业投资企业最先考虑的问题，通常考虑的方面有当地经济水平高低、民众综合素质高低、交通便利性、相关资源丰富与否、信息来源广泛程度等。

**4．构建评价体系**

整合所有的指标，构建评价体系。确定各指标的权重，可以利用定量与定性分析相结合的方法，对评价指标赋值，建立评分标准。比如将评价指标的评价等级分为：很好、好、一般、差、很差，分值分别为 9、7、5、3、1。

以上文的创业投资对象评价为例，建立表 13-1 所示的指标体系。

表 13-1　创业投资对象评价指标体系

| 一级指标 | 二级指标 | 得分（1~100 分） | 权重 |
| --- | --- | --- | --- |
| 企业家 | 创业企业家能力 | | 10% |
| | 管理团队能力 | | 5% |
| 核心能力 | 技术水平 | | 10% |
| | 财务评价 | | 10% |
| | 产品特性 | | 8% |
| 市场状况 | 市场能力 | | 10% |
| | 竞争能力 | | 10% |
| | 销售能力 | | 10% |

| 一级指标 | 二级指标 | 得分（1～100分） | 权重 |
|---|---|---|---|
| 制度与战略 | 企业制度 | | 3% |
| | 企业战略 | | 6% |
| 外部环境 | 宏观经济周期 | | 4% |
| | 政策法律的完备性和稳定性 | | 5% |
| | 行业因素 | | 6% |
| | 地区因素 | | 3% |

## 三、评价过程

### 1. 对企业进行调查

（1）了解企业家。

可以通过直接面谈、经历调查、同业评价、社会评价等方式了解企业家的学历、阅历和知识结构。优秀的企业家应该具有以下方面的综合素质。

品格方面：有勇气、有魅力、有远见、有抱负、有耐心、有责任心、有荣誉感。

态度方面：公正、谦和、热情、恳切、勤劳、镇静、机敏、宽容、敬业。

能力方面：组织能力、领导能力、计划能力、判断能力、贯彻能力、表达能力。

知识方面：除掌握和了解经济学、管理学、贸易学、社会学、心理学、会计学、税法等方面的知识外，必须对本专业的知识有深入透彻的见解。

同时通过企业人员结构、薪金水平、出勤状况和工作态度等了解企业的劳务状况，以判断员工队伍是否稳定、企业家的管理能力是否出众。

（2）了解企业的核心能力。

关注企业的技术水平：从获奖状况、专利等方面分析技术含金量；从技术推广的范围、环境污染、原材料和零部件供应状况以及自然气候条件等方面分析技术适用性；此外结合技术可替代性、技术成熟可靠性、技术研发周期等指标判断企业的技术水平。

关注企业的基本财务指标：资产，负债，收入，利润，现金流，特别要关注未来资产市场价值的变化趋势，了解总资本增长潜力。

关注产品的特性：企业的主要产品有哪些？产品性能如何？在同类产品中属于什么水平？是不是研发的新产品？

（3）了解企业的市场状况。

通过以下指标了解企业的市场状况：目标市场规模，目标市场主要竞争者，产品的市场占有率有，市场进入壁垒的高低，销售增长率。

（4）了解企业的制度与战略。

关注企业是否有健全的公司治理机制：现有的规章制度有哪些？是否从企业战略决策、技术创新、安全生产、人力资源、财务管理、市场营销、资本运营等多方面多层次做出具体规定和进行修订？

关注企业的战略：愿景和使命是什么？近期目标是什么？远期目标是什么？

（5）了解企业的外部环境。

关注企业法律政策环境：是否符合国家的政策？是否符合当地政府的制度？相关的法律政

策是否齐全、完善、稳定？

关注企业的行业环境：行业前景如何？是朝阳、正午还是夕阳行业？行业的发展速度如何？

关注企业的地区环境：企业所在地经济水平如何？民众综合素质如何？交通是否便利？相关资源是否丰富？

### 2. 根据调查结果对各级指标打分

综合调查结果，按照打分标准对各级指标打分，可以采取专家打分的形式。

### 3. 根据打分统计结果得出评价结论

根据打分结果，分析初创企业的各方面能力，并得出评价结论。以表 13-2 所示的评分表为例。

表 13-2　创业投资企业投资对象评分表

| 一级指标 | 二级指标 | 得分（1～100分） | 权重 |
| --- | --- | --- | --- |
| 企业家 | 创业企业家能力 | 90 | 10% |
|  | 管理团队能力 | 70 | 5% |
| 核心能力 | 技术水平 | 80 | 10% |
|  | 财务评价 | 80 | 8% |
|  | 产品特性 | 80 | 10% |
| 市场状况 | 市场能力 | 80 | 10% |
|  | 竞争能力 | 80 | 10% |
|  | 销售能力 | 70 | 10% |
| 制度与战略 | 企业制度 | 90 | 3% |
|  | 企业战略 | 90 | 6% |
| 外部环境 | 宏观经济周期 | 90 | 5% |
|  | 政策法律的完备性和稳定性 | 100 | 6% |
|  | 行业因素 | 100 | 6% |
|  | 地区因素 | 90 | 3% |

由表 13-2 可以看出，在创业投资企业投资对象评价中，该企业虽然在团队管理能力上稍有欠缺，但企业家团队实力较强；市场方面，具有很大的市场潜在需求和不错的市场竞争力；技术过硬，产品性能突出；有良好的外部发展机遇。综合来看，创业投资企业可以考虑对该企业进行投资。

## 四、撰写评价报告

评价报告是初创企业的综合评述文件，具体要求如下。

（1）报告内容应包括被评价初创企业基本概况及评价主要指标方面情况的文字描述。

（2）评价报告应明确评价年限、工作范围及所采用的评价标准，评价结论要有充分的说服力。

（3）语言应简洁、规范，字数不宜过多。

（4）评语表述明确，尽量避免产生歧义。

（5）对影响初创企业评价结果的有关重要事项应进行充分披露。

（6）评价报告应标明评价时间，评价实施单位及评价负责人需要签名盖章。

评价报告范例如图 13-3 所示。

××单位关于对

××公司创业投资评价报告

一、公司概况

二、评估目的

三、评估范围和对象

四、评价指标及评价标准

五、企业调查结果

六、评价结果及结论

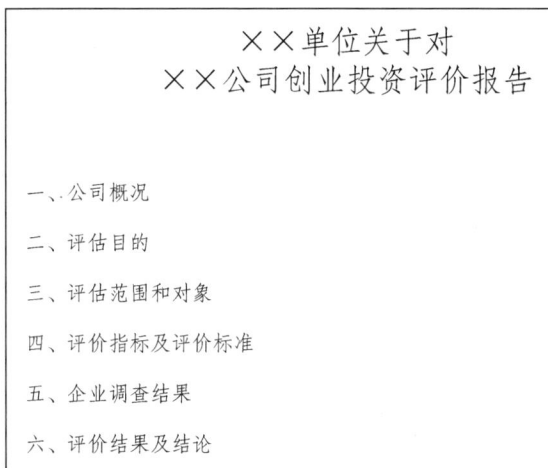

图 13-3　评价报告范例

# 自学自测

## 一、单选题

1. 以下不属于评价主体的是（　　）。

    A. 创业者　　　　　B. 创业项目　　　　　C. 初创企业　　　　　D. 综合评价法

2. 以下说法错误的是（　　）。

    A. 是否有优秀的创业背景和经历，是否掌握所创项目行业的关键技术，是衡量创业企业家综合素质的标准

    B. 向心性是一个团队的核心组织文化，一个项目能否成功，很关键的因素就是团队成员的向心性程度

    C. 企业家是创业团队的带头人，应该具有为了实现团队目标对他人产生影响的能力，具有鼓舞并激励人们超越自己的正常绩效水平的才能

    D. 相比于企业家其他方面的能力，企业家的诚信度并不是很重要

3. 无法量化反映市场竞争力的指标是（　　）。

    A. 目标市场规模　　　　　　　　B. 市场占有率

    C. 市场进入壁垒　　　　　　　　D. 资本退出难易程度

4. （　　）研发新技术的风险更高，利润更小。

    A. 朝阳行业　　　　B. 正午行业　　　　C. 夕阳行业

5. 产品打入市场，首先调查的就是竞争者的情况，确定主要竞争者数量，主要竞争者数量越（　　），产品打入市场的压力越（　　），项目的风险也就越（　　）。

    A. 多、大、大　　　B. 少、大、大　　　C. 多、小、大　　　D. 少、大、小

## 二、判断题

1. 从评价角度来看，可以从初创企业的商业模式、运营绩效、信用评级、风险投资价值等各方面进行评价。（　　）

2. 评价体系的系统性是结果准确合理的基础。（　　）

3. 构建评价体系的关键因素原则是指在全面的基础上，应尽可能选择具有足够代表性的综合指标和专业指标，以便比较准确、简洁地表述项目的特征。（　　）

4. 在评价过程中，指标之间不应有很强的相关性，不应出现过多的信息包含而使指标内涵重叠。但指标之间完全无关就无法构成一个有机的整体，因此指标之间应具有逻辑关系。（　　）

5. 运用多个指标对多个参评单位进行评价的方法，称为多变量综合评价方法，或简称综合评价方法。（　　）

## 三、简答题

1. 在创业评价中，构建评价体系的基本原则有哪些？

2. 简述定性定量相结合的原则。

3. 简述构建创业评价体系的过程。

4. 除了课程里所提到的评价指标，你认为还可以从哪些方面去进行创业投资对象评价？

5. 在了解企业的核心能力时，需要关注哪些方面？

# 课中实训

## 一、创业者个人评价

任务描述：

通过阅读文献收集资料，构建创业者个人评价的指标体系，对创业者进行个人评价。在评价中，定性评价和定量评价相结合，以定量评价为主，撰写评价报告。

任务实施：

| 序号 | 实施步骤 | 实施内容 |
|------|----------|----------|
| 1 | 阅读文献、收集资料 | |
| 2 | 构建评价体系 | |
| 3 | 完成创业者的个人评价，撰写评价报告 | |

## 二、初创企业评价

任务描述：

参考课前自学内容，选择对初创企业评价的角度，构建评价体系，对初创企业进行评价，并撰写评价报告。

任务实施：

| 序号 | 实施步骤 | 实施内容 |
|------|----------|----------|
| 1 | 阅读文献、收集资料 | |
| 2 | 确认评价角度 | |
| 3 | 构建评价体系 | |

续表

| 序号 | 实施步骤 | 实施内容 |
|---|---|---|
| 4 | 完成对初创企业的评价，撰写评价报告 | |

### 知识拓展

#### 我国创投十大风口

改革开放以来，我国经济高速发展。新经济、互联网创投行业，发展不过二十年的时间，但成绩却令世界瞩目——诞生在新经济前十年的阿里巴巴集团和腾讯市值突破万亿元，在 2020 年成功跻身全球十大市值最高的公司（根据普华永道发布的 2020 年全球市值 100 强）；而新经济发展的最近十年中，也有无数的公司、资本前赴后继地试图成为新一代巨头。

通过对海量数据的筛选分析，我们发现了过去十年的十大风口赛道，如图 13-4 所示。

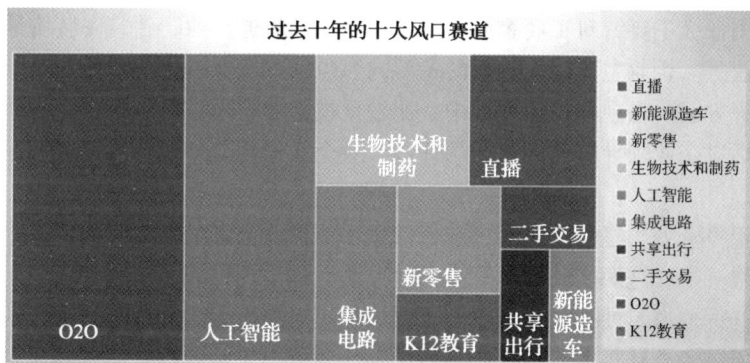

图 13-4　过去十年的十大风口赛道

从风口的规模/量级来看，最大的风口是 O2O，十年来合计 4 387 笔融资、融资总额 6 907 亿元；第二大的风口是人工智能，近十年合计 3 364 笔融资、融资总额 3 741 亿元。这两个都是跨赛道、跨行业的顶级风口，前者尤甚，包罗万象，万亿元级巨大市场让资本永不眠。

集成电路（芯片）、生物技术和制药、新零售和直播，是大行业的大风口。集成电路背靠人工智能、半导体，是典型的高精尖产业，通过技术革新带来的壁垒效应极强，且应用前景广阔；生物技术和制药是医疗产业链的核心环节之一，同样壁垒高，价值强，产业规模大；而在零售消费巨大的产业土壤下，新零售和直播带来了新的效率工具，经过了一定的市场验证，成为一大风口。

另外，还有一些大行业的小风口，比如二手交易、K12 教育、共享出行和新能源造车。这类是垂直行业的细分领域，融资整体规模相对更小，但往往也集中在头部"明星"项目上。

根据产业性质、爆发特点，我们将这十大风口归结为四大类。

第一类：政府和市场共同调节，整体发展平稳，波动较少的风口。典型代表是医疗（制药）和教育（K12）、金融（P2P），这三大产业关乎民生，既是公共事业，也是消费产业，因此受到政府和市场的共同影响，有时市场的作用更大，有时反之。

第二类：资本驱动下大起大落，"火一把就死"的风口。典型代表是 O2O、共享出行（单车），最大的表现是完全由市场驱动，是资本亲手造出来的风口，也是被资本毁掉的。

第三类：由国家战略指引，政府主导、自上而下推动的风口。典型代表是人工智能、集成电路等高科技产业，在"新基建""科技强国"国家战略意图下，是需要长期投入的产业。

第四类：在市场需求推动下，符合产业发展规律和国家产业政策，后续有待观察的风口。比如新能源造车、新零售、直播、二手交易，目前不能下结论，还需持续观察，同时行业也有待规范。

# 课程思政

## 企业信用评级——企业的诚信

企业信用评级指信用评估机构对征集的企业信用信息，依据一定指标进行信用等级评定的活动。企业信用评级主要针对工商企业、制造业企业和流通企业、建筑安装房地产企业与旅游企业、金融企业等。企业主体信用分析的主要内容包括：产业、企业素质、经营管理、财务状况和偿债能力等方面。在企业信用评级中，比较重视企业素质，特别是企业素质中的企业综合情况评级，包括对企业领导群体的素质的评级，对企业经营管理能力的评级，以及对企业竞争能力的评级。

目前，由于投资者与经营者之间存在着信息不对称，会形成两个问题：第一是逆向选择，第二是道德风险。解决这两个问题的一个有效办法就是信用评级。信用评级不但为资金供需双方的信息缺口开辟通道，使资本市场不至于因信息不对称而无法发挥资金中介的功能，使资金需求者能取得所需资金从事其各项生产经营活动，使资金供给者拥有适合其风险偏好的投资目标，也使金融机构的管理效率得到提高，从而提高了资本市场的整体效率。

对创业而言，企业常用的负债筹资方式是银行借款和发行企业债券。无论是哪种方式均对企业信用要求较高。债券发行前的一个重要程序便是企业信用评级，只有 BBB 级以上的债券才被视为可投资债券。企业信用状况不同，银行贷款利率和发行债券利率也有差别，这就从金融角度体现了信用的财务价值。因此，无论是个人还是企业经营，诚信都是立足之本，随着市场经济的深入发展和法律法规体系的完善，失信成本和由此带来的损失将越来越大。企业和个人要想长足发展，信誉是保证，这也是社会主义核心价值观的重要内容。

# 实训项目评价

## 技能评价表

| 分类 | 作品 | 评价指标 | 达标 | 未达标 |
|---|---|---|---|---|
| 文案写作 | 创业者个人评价 | 能够通过阅读文献、网络查询收集相关资料；选取的评价指标有代表性；构建的评价体系比较完整；评价数据真实；评价报告客观 | | |
| | 初创企业评价 | 能够通过阅读文献、网络查询收集相关资料；选取的评价指标有代表性；构建的评价体系比较完整；评价数据真实；评价报告客观 | | |

## 素质评价表

| 分类 | 素质点 | 评价指标 | 达标 | 未达标 |
|---|---|---|---|---|
| 自评 | 创新意识 | 善于思考，能够提出新想法、新建议和新策略 | | |
| | 团队协作精神 | 能够服从组织分工，和团队成员相互协作，共同完成任务 | | |
| | 自主学习能力 | 能够发现问题，并借助各种资源等自主学习更多解决问题的方法 | | |
| | 交流沟通能力 | 能够很好地表达自己的观点，并善于倾听；可以和领导、同事、客户等实现有效沟通 | | |
| | 职场行为规范与职业道德 | 遵守基本的职场行为规范和商业伦理，养成良好的职业习惯，塑造优秀的职业人品格 | | |
| 互评 | 创新意识 | 善于思考，能够提出新想法、新建议和新策略 | | |
| | 团队协作精神 | 能够服从组织分工，和团队成员协商合作，共同完成任务 | | |
| | 自主学习能力 | 能够发现问题，并借助各种资源等自主学习更多解决问题的方法 | | |
| | 交流沟通能力 | 能够很好地表达自己的观点，并善于倾听；可以和领导、同事、客户等实现有效沟通 | | |
| | 职场行为规范与职业道德 | 遵守基本的职场行为规范和商业伦理，养成良好的职业习惯，塑造优秀的职业人品格 | | |

# 课后提升

哪里创业环境好

——《2020 中国城市创新创业环境评价研究报告》告诉你

2020 年 12 月 15 日，由启迪创新研究院完成的《2020 中国城市创新创业环境评价报告》在第十二届启迪创新论坛上正式发布。这是自 2011 年以来，启迪创新研究院发布的第 9 个中国城市创新创业环境评价年度报告。

创新创业环境是直接或间接影响创新创业活动的各种要素及其相互关系的总和，是创新创业活动蓬勃发展的必要支撑条件，是创新创业活动的土壤，正所谓"水深则鱼悦，城强则贾兴"。《2020 中国城市创新创业环境评价报告》沿袭了之前的理论框架，先通过指标筛选出全国创新创业环境百强城市作为评价对象，再围绕构成创新创业环境的政策要素、产业要素、人才要素、研发要素、金融要素、中介服务要素六大关键要素，构建 6 个一级指标、12 个二级指标和 17 个三级指标的评价指标体系。在此基础上评价并分析 2019 年度百强城市创新创业环境特点，以期能对各地政府、企业及创新创业者提供有益参考。

2019 年中国城市创新创业环境前 20 强城市分别是北京、上海、深圳、西安、广州、苏州、成都、南京、杭州、武汉、天津、长沙、青岛、重庆、宁波、合肥、郑州、芜湖、济南和无锡。总体来看，虽然北京、上海、深圳继续保持前三，但也有不少城市后来居上，创新创业环境提升明显，如西安、重庆等，呈现出"百舸争流、奋勇争先"的态势。

报告指出，2019 年，全国产业创新活力进一步迸发，新主体蓬勃发展，发展质量不断提升，中西部地区势头迅猛。具体来看，新成立企业数总体上呈现"百花齐放"之态，出现上海、苏州、青岛、杭州、成都、重庆、深圳、广州等多个"高峰"，特别是西安表现突出、跃居榜首；高新技术产业增加值占 GDP 比重总体呈上升趋势，东北地区总体向好，中西部地区平均水平较高。

在人才环境方面，中西部高校培育人才数量持续增加，成为发展赶超东部地区的关键变量。其中，人才环境排名前十（北京、西安、武汉、广州、成都、上海、南京、济南、杭州、郑州）依然主要是东部城市，但前二十名中西部城市数量之和已经超过东部城市（东部城市 8 个，中部城市 6 个，西部城市 5 个）。

整体来看，东中西部地区的高校在校生数量较为均衡。

在金融环境方面，北上深蝉联金融环境榜单前三，科创板成为科技企业融资新渠道；A 股上市企业数量总体呈现增加态势，东部地区尤其是长三角城市群表现最抢眼。

报告还指出，全国技术交易与转化更加活跃，但城市间分化加大。数据显示，2019 年，全国技术合同成交额首破 2 万亿元，技术交易仍以技术服务为主，技术交易呈现明显的中心城市领先趋势，西安、成都增长势头迅猛，城市间分化进一步加大。

**思考题：**你会选择哪座城市进行创业？为什么？